청춘력

다음을 준비하는 힘!

청춘력

초판 1쇄 발행 2017년 03월 20일

지 은 이   손대희
발 행 인   권선복
편   집   심현우
디 자 인   서보미
전 자 책   천훈민
발 행 처   도서출판 행복에너지
출판등록   제315-2011-000035호
주   소   (07679) 서울특별시 강서구 화곡로 232
전   화   0505-613-6133
팩   스   0303-0799-1560
홈페이지   www.happybook.or.kr
이 메 일   ksbdata@daum.net

값 15,000원
ISBN 979-11-5602-484-2 03190

도서출판 행복에너지는 독자 여러분의 아이디어와 원고 투고를 기다립니다. 책으로 만들기를 원하는 콘텐츠가 있으신 분은 이메일이나 홈페이지를 통해 간단한 기획서와 기획의도, 연락처 등을 보내주십시오. 행복에너지의 문은 언제나 활짝 열려 있습니다.

다음을 준비하는 **힘!**

청춘력

손대희 지음

YOUTH POWER

넘어졌다면, 그래서 아프다면,
그만큼 달릴 힘이 있었다는 것을 기억하자.
지금을 인정하고 다음을 준비할 수 있다면, 그게 바로 청춘이다.

도서
출판 행복에너지

Prologue

'조금 더 일찍 알았더라면….'

강사가 되겠다고, 하던 일을 그만두고 새로운 세계에 나와 많은 사람을 만나면서 어리석게도 이런 생각을 했었다. 나보다 한참 어린 데도 벌써 강사로서 자신의 무대를 활보하는 이들도 있었고, 아직 큰 성과는 못 냈어도 자신의 꿈을 위해 끊임없이 공부하고, 사람들을 만나며 노력하는 청년들을 봤다.

대학교를 졸업하기 전에 취업했고, 빨리 승진도 했다. 장사도 해보고 사업도 해 봤다. 내가 있던 세계에서는 항상 앞서가고 있는 느

청춘력

낌이었다. 그래, 그냥 느낌이었다. 정작 '나'에게 관심을 갖지 못하고 사회가 인정하는 방향으로만 나아가고 있을 뿐이었다.

    이곳은 완전히 다른 세상이었다. 직장 생활을 하거나, 사업을 할 때는 볼 수 없는 사람들 천지였다. 꿈에서도 듣지 못한 '꿈'이라는 단어를 이곳에서는 항상 들을 수 있었다. 나에게 집중하고 나를 계발하고, 세상에 의미를 부여하며 살아가는 사람들이 가득했다. 나이는 숫자에 불과하다고 하지만, 철없어 보인다거나 나잇값 못한다는 소리를 들을까 봐 주춤하는 내 모습이 안쓰러웠다.
    쓸데없는 걱정이었다. 나는 차근차근 '나'에 집중하고, 스스로를 다져 나갔다. 일희일비하지 않았던 이유는 아마도 내가 불리하다고 생각했던 '나이' 때문이었던 것 같다. 조급해 봤자 더 빨라지지 않으리라는 것을 어쭙잖은 경험들로 짐작했었기 때문이다.

    '내가 저 나이였다면 조금 더 해 볼 텐데….'
    하고 싶은 일을 향해 성장하는 방법을 어느 정도 알았다고 느꼈을 때, 내가 돌아가고 싶어 했던 풋풋한 청춘들이 보이기 시작했다. 아무리 지금이라도 그들의 뜨거운 열정은 여전히 부럽다. 그런데 그

열정이 그리 오래 가지 못하는 모습을 보면 또 아쉬웠다. 흙수저, 헬조선과 같은 신조어가 나올 정도로 사회 구조적인 모순, 불평등들이 그들의 열정에 찬물을 붓고 있었다.

그러다 문득, 나도 그들과 다르지 않다고 느꼈다. 나이만 많다 뿐이지 지금 내 상황도 그들과 같았다. 그럼에도 차근차근 지금에 이르지 않았는가? 그 많은 강사지망생이 원하는 나만의 강의를 하고 있고, 마음만 먹으면 언제든 하고 싶은 일들을 벌일 수 있는 자신감과 능력을 갖추게 되지 않았는가? 전혀 다른 세계라고 하는 곳에서 불과 1년 만에 내 자리를 마련하지 않았는가?

나이를 먹었거나 나이가 어리거나 핑계는 비슷했다. 결국, 나이 때문이 아니었다. 그 자리에서 다음을 바라보는 자세가 가장 중요했다. 지금도 자주 보는 강사지망생 중에는 나보다 나이가 많은 이들이 많다. 그리고 그들은 내 나이를 부러워하고, 자신의 나이를 성장의 한계 요인으로 치부해 버린다.

나보다 어린 친구들은 내 경험과 노하우를 부러워한다. 하지만 그것은 내 나이 때문이 아니라, 내가 그 경험을 했기 때문에 생긴 것이다. 나와 나이가 같거나 많더라도 나만큼 경험하지 못한 사람들은 많다. 나이가 문제가 아니라는 이야기다.

많은 경험을 하고 많이 부딪쳐라.

어쩌면 고리타분한 이야기일 수 있다. 너무 많이 들어서 이제는 흘려버리는 것이 나았을 수도 있다. 그렇지만 적어도 내가 경험한 바로는 불변의 진리이다. 나도 고리타분하다고 생각했었지만, 결국 지금 내가 있을 수 있는 이유는 그 고리타분한 이야기 때문이다.

다만, 그 경험들을 어떻게 하면 성과로 만들 수 있을까? 임시 인터넷 파일처럼 조각조각내지 않고 묵직한 데이터베이스로 만들 수 있을까에 대한 나만의 방법들을 조심스레 소개하고자 한다.

성공한 사람들도 그 시작은 초라했고 힘들었다. 다만, 그 결과만 보면 우리와 다른 사람처럼 거리가 느껴질 뿐이다. 이 책을 읽는 독자들이 '나도 할 수 있겠다.'라는 자신감만 가질 수 있다면, 이 책을 쓰는 소기의 목적을 달성했다고 생각한다. 힘들 때 술 한잔 사주는 선배의 얘기처럼 편안하게 읽어 줬으면 한다.

2016년 마지막 날, **손대희**

『나는 도서관에서 기적을 만났다』 저자 **김병완**

　힘든 현실에 무기력해졌다면, 편안한 삶에 안주하고 있다면, 스스로 만든 한계에 갇혀 있다면, 지금 이 책이 필요한 것이다.

　다음을 준비하는 힘, 『청춘력』을 통해 새로운 다음을 준비할 수 있을 것이다. 청춘들에게 꼭 일독을 권한다.

청춘력

『머뭇거리는 젊음에게』 저자 **김승환**

　무언가 얻으려는 기대를 버리고 읽으면 어느새 "나도 한번 해 볼까!"라는 생각에 천천히 가슴이 요동치는 책이다.

　13가지가 넘는 직업을 경험한 손대희 저자의 이야기는 '경력단절'과 '포기'가 아닌, '그럼에도 불구하고'를 떠올리게 한다.

　남들보단 느리지만 깊이 있게, 남들보단 적지만 풍요롭게 사는 인간 손대희를 만나보기를 추천한다.

김효석 쇼호스트 아카데미 대표 **김효석**

　유도는 낙법부터 배우고, 스키도 넘어지는 것부터 배운다. 힘들어도 탄력적인 근육처럼 그 아픔을 빠르게 극복하는 것이 청춘만의 힘이다.

　무수히 넘어져 본 경험이 있는 손대희 작가의 책 다음을 준비하는 힘 『청춘력』은 술 한잔 사 주는 선배처럼 따뜻하게, 때론 따끔하게 그들을 이끌어 주기에 부족함이 없다.

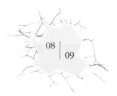

청춘력

(주) 케이씨티 대표 조정권

나를 위해 일하느냐? 남을 위해 일하느냐? 어떤 것이 더 소중한 일일까?

이루어 놓은 성과와 상관없이 항상 하고 있는 고민이다.

누구와 함께하든 자신만의 올곧은 방향을 잃지 않고 스스로 답을 찾아 행동하는 손대희 저자의 노하우를 이 책 다음을 준비하는 힘 『청춘력』에서 찾을 수 있을 것이다.

contents

PART 3 나를 바라보며

PART 4 청춘력을 전하다

PART 1

막다른
길목에서

5분 느린 시계

"지직지직지지직…"

갑자기 천둥소리처럼 시끄러운 잡음이 수능 시험장을 가득 메웠다.
시험장 좌우에 설치된 스피커가 그 진원지였다. 누군가 칼과 같은
날카로운 것으로 일부러 찢어 놓은 듯했다. 1교시 언어영역 시간의
듣기평가가 시작되었지만, 전혀 무슨 말인지 알아들을 수 없을 정도
로 상황은 심각했다. 시험장의 수험생들은 동요했고, 몇몇은 마치
이때를 기다렸다는 듯이 시험장을 뛰쳐나가기도 했다. 감독관들도
당황하긴 마찬가지였다. 전국 동시 생방송으로 진행되는 듣기평가
이기에 모의고사처럼 녹음테이프를 틀어줄 수 있는 상황도 아니었다.

초등학교 6년, 중학교 3년, 고등학교 3년 동안의 공부를 오늘 하루의 시험만으로 평가받는데, 시험 시작 5분 만에 청천벽력과 같은 상황을 맞이한 것이었다. 솔직히 이 핑계로 시험장을 뛰쳐나가고 싶은 마음이 굴뚝같았다. 하지만 시험은 끝까지 마무리해야겠다는 생각에, 요동치는 심장과 떨리는 손을 부여잡고 4교시 외국어 영역 시험까지 마쳤다. 물론 4교시의 외국어 듣기평가도 상황은 마찬가지였다. 시험을 모두 마치고, 나와 같은 시험장에 있던 수험생들을 학교 본부에 오늘 상황에 대해 강력하게 항의했다. 하지만 결과적으로 그에 대한 어떠한 조치도 받지 못했다.

뒤늦게 안 사실이지만, 이 시험장에서 끝까지 시험을 마무리한 수험생은 나를 포함해 고작 10명 남짓이었다고 한다. 그리고 그때 뛰쳐나갔던 수험생 중에는 내 친구도 포함되어 있었다. 그 친구는 결국 재수를 했다. 그 친구뿐만 아니라 끝까지 시험을 마무리하지 않은 수험생들 모두 그랬을 것이다. 나는 평소에 한 문제 틀릴까 말까 한 20문항 정도의 듣기평가를 모두 틀렸다. 그해 수능은 전년에 비해 쉽게 출제되었다고 했다. 결국, 친구들은 평균 40점 정도씩 올랐는데 나는 평소 정도의 점수밖에 나오지 못했다. 상황을 감안하면 그 점수가 나온 것도 다행이라고 생각해야 했다. 부모님, 담임선생님, 친구들은 진심으로 안타까워하며 위로해 주었다. 사실 그 누구보다 가장 안타깝고 마음이 아팠던 건 나였다. 초등학교, 중학교, 고등학교 총 12년 노력의 결실이 최악이 되었으니 멀쩡한 게 더 이상했을 것이다.

재수를 하기는 싫었다. 지난 1년이 그리 만만치 않았고 이번과 같은 일이 또 벌어지지 않는다는 보장도 없었다. 재수를 권하는 담임 선생님은 더 이상 내 진로에 대해 관심이 없는 듯했다. 결국 내가 진학하리라고는 한 번도 상상조차 하지 않았던 대학교들을 찾고 수능 성적에 맞는 학과들을 선택하는 것은 오롯이 나 혼자의 몫이었다. 나를 위한 것이라고 닦달하고 채근하며 함께 왔던 그네들은 결정적인 순간에 모든 결과의 책임을 나에게 떠맡겼다. 아니 정확히는 결국 모든 선택의 결과는 누구의 영향을 받았건 나 혼자 오롯이 감내해야 한다는 것을 정확히 알게 되었다. 때문에 결과의 책임을 운운하기 전에 최악의 상황으로 치닫지 않게 다음을 준비하는 것이 나에게 덜 상처가 된다는 것을 조금 일찍 깨닫게 되었다.

"그렇게 어려운 일들을 많이 겪으면서 어떻게 다시 도전할 용기를 얻으셨습니까?"

강의를 마치고 가장 많이 듣는 질문 중 하나이다. 수능뿐만 아니라 고향집 화재, 어머니와 여동생의 큰 수술, 그리고 나의 간경화 판정까지 절망적인 사건들을 겪었음에도 또다시 일어설 수 있었던 이유는, 그렇지 않으면 그 상황이 더욱 힘들어질 것을 알았기 때문이다.

넘어졌다고 엎드려 울고만 있다고 해서 아픔이 사라지는 것은 아니다. 얼른 일어나서 먼지를 털어내고 상처를 치료해야 흉터도 생기지 않고 가던 길을 마저 갈 수 있다.

환경과 상황은 누구에게나 똑같이 주어지지 않는다. 집안 형편이 어려워서, 머리가 나빠서, 지방대를 나와서, 가진 것이 없어서…. 안될 이유를 찾으면 끝도 없이 찾을 수 있다. 문제는 그런 상황에서도 누군가는 성과를 내고 승승장구하는 한편, 누군가는 환경과 상황 탓만 하며 제자리에 주저앉아 있다는 것이다.

5분 느린 시계가 있다. 바꾸거나 고칠 수 없다면, 5분 일찍 나가면 그뿐이다. 매번 5분 느린 시계에 불평해 봤자 내가 바꾸지 않는 한 시계는 정확한 시간을 알려줄 수 없다.

35년이 무너지는 순간

"**간경화입니다.** 그런데 작은 알갱이들이 더 보여서 정밀검사를 해야 할 것 같습니다."

　새로 시작한 크린룸^{반도체나 필름, 스마트폰 등의 조립 공정을 위한 청정 작업 공간} 사업이 승승장구하면서, 친구들과 후배들까지 불러들여 규모를 키우던 중에 병원에 실려 갔다. 작은 회사지만 공동 대표로서 인사업무, 세무업무, 현장업무를 모두 맡고 있어서 몸에 무리가 온 모양이었다. 게다가 건설 업무의 특성상, 영업을 위한 술자리도 거의 매일 이어졌다. 멀쩡한 사람도 버티기 힘들 만한 스케줄을, 원래 간이 좋지 않은 내가 소화하기에는 이미 과부하였던 것이다.

"정밀검사 결과는 2주 후에 나옵니다. 따로 연락드릴 테니 술 드시지 마시고, 피곤한 일 하지 않도록 주의하세요."

35년을 살아오면서 누구보다 열심히 살았다고 자부했는데, 왜 나에게 이런 일이 생겼는지 생각하니 답답하고 서러웠다. 부모님 말씀대로, 선생님 말씀대로 살아온 모범생이었고, 아버지가 돌아가신 후에는 나름 가장이라는 책임감에 이를 악물고 이 장사, 저 장사 안 해본 게 없었다. 처절한 서러움 이후에는 극도의 미안함이 몰려왔다.

하나뿐인 여동생 정민이에게 미안했다. 정민이와 나는 세 살 터울이었다. 그래서 내가 군대를 전역한 후, 우리는 함께 대학교에 다녀야 했다. 하지만 어머니 혼자 우리 둘을 뒷바라지하기엔 너무나 버거웠기에, 정민이는 원치 않는 휴학을 했다. 그리고 결국에는 고향 근처 작은 대학교의 야간반으로 편입해서, 낮에는 일하고 저녁에는 공부하며 스스로의 힘으로 대학교를 졸업했다. 오빠에게 용돈도 한 번 제대로 못 받고, 파릇파릇하고 희망찬 대학생활을 포기해야 했던 여동생에게 너무 미안했다.

어머니에게도 죄송했다. 아버지 돌아가시고, 내가 가장이랍시고 어머니와 여동생을 보살피겠다고 했던 모든 일이 이유야 어찌 됐든, 결과적으로 모두 제대로 빛을 보지 못했고, 결국은 그런 아들을 걱정하다가 뇌경색까지 오셨던 어머니. 생각만으로도 눈물이 끊이질 않았다.

마지막으로 나 자신에게 정말 미안했다. 열심히 살아왔다고 생각했는데, 친구들은 오토바이를 탈 때 교과서를 한 번 더 펼쳐 봤었던 나인데, 막 산 것 같지 않은데, 왜 나에게 이런 시련이 왔을까? 나는 무엇을 위해 그렇게 살았을까? 이렇게 끝나는 건가?

'만약 다시 새로운 삶이 주어진다면….'

35년간의 기억들이 주마등처럼 지나갔다. 그리고 나는 어떤 일을 할 때 행복했었는지, 어떤 것을 좋아하는지, 어떤 일을 잘하는지에 대해 차근차근 살피기 시작했다. 그리고 만약 다시 한 번 기회가 주어진다면, 나 스스로에게 떳떳한 삶을 살고자 다짐했다.

학교를 들어가기 전, 나는 아이템풀이라는 일일학습지를 혼자 먼저 풀고, 친구들에게 어떻게 푸는지 알려주는 걸 좋아했다. 그 시절 일일학습지를 들고 아이들 앞에서 설명하고 있는 내 모습이 찍힌 사진을 보면, 이 세상 행복을 다 가진 듯한 표정이 무엇인지 알 수 있을 정도였다. 수능을 망쳐, 가고 싶지 않은 대학교를 갔던 대학생 때에도, 4년간 미친 듯이 야간학교 교사활동을 했다. 2주라는 시간동안, 나는 누군가 앞에서 이야기하는 것을 좋아하는 사람이라는 결론을 내렸다. 그리고 다시 기회가 주어진다면 그런 삶을 살겠다고 마음먹었다.

"다행히 종양은 아닙니다. 간에 상처가 나고 아무는 과정에서 조직이 조금 딱딱해진 부분들이 알갱이처럼 보였던 거예요. 꾸준히 약물치료 받으면 더 악화되지는 않을 겁니다."

괜한 걱정이었는지, 아니면 간절한 마음이 하늘에 닿았는지, 관리만 잘하면 더 이상 악화되지 않는다는 판정을 받고, 바로 회사를 그만두었다. 그동안 생각했던 일들을 하나씩 행동으로 옮기기 시작했다. 그리고 그것이 내 인생의 전환점이 되었다.

기적을 만들어 낸 상처

"사흘만 세상을 볼 수 있다면, 첫째 날은 사랑하는 이의 얼굴을 보겠다. 둘째 날은 밤이 아침으로 바뀌는 기적을 보리라. 셋째 날은 사람들이 오가는 평범한 거리를 보고 싶다. 단언컨대, 본다는 것은 가장 큰 축복이다."

한 휴대폰 CF에서 탤런트 이병헌이 내레이션을 해서 유명해진 글귀이다. 사실 이 말은 20세기 최고 기적의 주인공인 헬렌 켈러가 한 말을 각색한 것이다. 보지도 못하고 듣지도 못하는 그녀의 뒤에 앤 설리번이라는 스승이 없었다면 우리가 아는 헬렌 켈러도 단지 장애가 있는 한 여인이었을 뿐일 것이다. 그런데 앤 설리번이 헬렌 켈러

청춘력

와 같은 아픔을 가지고 있던 사실을 아는 사람은 거의 없다.

어머니가 병을 앓다 일찍 세상을 떠나자, 앤은 알코올 중독자 아버지에게 길러지다가 어린 남동생과 함께 보스톤 외곽의 허름한 아동보호소에 맡겨진다. 아버지로 인한 마음의 상처로 가득한 앤은 함께 들어온 동생마저 죽어버린 충격으로 실명까지 하게 된다.

그녀의 언어는 괴성이 되었고, 삶의 의지를 잃고 수차례 자살을 시도한다. 결국, 회복불가 판정을 받고 정신병동 지하에 수용되어 죽을 날만 바라보는 신세가 되었다. 아무도 앤의 치료를 맡으려 하지 않을 때, 은퇴를 앞둔 노간호사 로라가 앤의 치료를 맡게 된다.

마치 괴물과 같은 그녀의 행동이 계속되어도, 로라는 앤을 포기하지 않는다. 괴성을 지르는 그녀에게 매일같이 책을 읽어주기를 반복한 지 2년이 될 즈음, 앤은 비로소 괴성이 아닌 말을 다시 하기 시작했다. 그리고 그녀가 20세기 최고 기적의 주인공의 스승이 된 것이다.

앤 설리번이 모두가 포기한 헬렌 켈러를 포기하지 않고 기적의 주인공으로 만들 수 있었던 이유는, 누구에게도 알리고 싶지 않을 만큼 처참했던 자신의 아픔이 있었기 때문이다.

공감共感

　다른 사람의 아픔을 느낌만으로 공감하기는 어렵다. 그 사람만큼 나도 치열하게 아파한 적이 있어야 오롯이 그의 아픔을 이해할 수 있다. 오프라 윈프리가 세계 최고의 여성 MC가 될 수 있었던 것은 뛰어난 말솜씨와 쇼맨십 때문이 아니라 그녀의 불우했던 과거의 상처로 많은 사람의 아픔에 공감했기 때문이다.

　2002년 월드컵 4강의 영광은 지금 생각해도 여전히 짜릿하다. 그 영광의 중심에 있던 거스 히딩크. 그는 박지성, 이영표, 송종국 등 당시 우리나라에서 그다지 두각을 나타내지 않던 선수들을 발탁해 역사적인 4강 신화를 만들어냈다. 단연코 최고의 감독이었다. 하지만 그가 현역시절, 최고의 선수는 아니었다. 눈에 띄지 않는 후보 선수에 불과했다. 그런 그가 월드컵 본선에서 1승이 꿈이었던 작은 나라에 4강 진출이라는 선물을 할 수 있었던 것은 스스로 부족해 봤고, 스스로 힘들어 봤기 때문이다. 처음부터 주전을 놓치지 않았던 세계적인 선수 출신이었다면 알지 못할 아픔이 있었기 때문이다.

천재는 자신의 인생에서 탁월한 성과를 낼 수는 있지만, 누군가를 그 성과로 이끌긴 힘들다. 왜냐하면, 그들은 평범한 사람들이 그의 천재적인 재능에 이르기까지 흘릴 땀과 눈물에 대해서는 알지 못하기 때문이다. 과거의, 그리고 지금의 고통과 상처가 누군가를 위한 공감의 도구가 될 수 있다는 것은 행복한 일이다.

"그래, 결정했어."

90년대, 방송국 FD 출신인 이휘재를 일약 스타로 만들어 준 '인생극장'이라는 프로그램에서 이휘재가 두 가지 선택지 중 하나를 선택할 때 외치던 유행어이다. 그 선택에 따라 주인공의 인생이 어떻게 달라지는지가 '인생극장'을 보는 시청자들의 쏠쏠한 재미였다. 가끔은 바람직해 보이는 선택이 불행한 결말을 가져오기도 하고, 잘못된 선택이라고 생각했던 것이 해피엔딩으로 끝나기도 했다.

"대희야, 우리 같이 사업하자."

분식점을 접고 잠시 쉬고 있을 때, 예전에 잠시 함께 일했던 형에게 연락이 왔다. 일용직이나 다름없는 건설 쪽 일을 잠깐 한 적이 있었는데, 그때 같이 일했던 형이 사업체를 따로 차려서 운영하자고 제안해 온 것이다. 워낙 마음도 잘 맞던 형이라 기꺼이 함께하겠다고 했다.

　"내가 그럴 줄 알았어요."

　동업은 절대 하지 말라는 어른들의 이야기는 왜 그 상황이 되어서야 생각나는 건지, 우리의 동업은 생각대로 순탄치 않았다. 돈 문제뿐만 아니라 문제를 해결하는 방식에서도 의견 차이가 많이 났다. 건설이라는 업종 특성상 워낙 큰 규모의 돈이 오가다 보니, 사소한 선택 하나하나에도 치열한 의견이 오갔다. 그리고 끊임없는 언쟁에 지쳐서 결국은 반 포기하듯, 상대의 의견을 따르는 경우가 조금씩 늘었다. 그리고 그 끝은 항상 '내가 그럴 줄 알았지'였다. 치열한 토론 끝에 결국 상대방을 내 의견 쪽으로 설득시켰을 때의 희열이 있을 줄 알았다. 그러나 그 끝은 너무나도 허무했다. 그것은 함께 죽는 길이었기 때문이다. 정말 잘못된 선택이었다면 끝까지 말렸어야 했

다. 말리지 못했다면 빨리 문제 해결을 위해 다음 스텝을 준비해야 했다. 아무것도 아닌 자존심 때문에 함께 무너지는 길을 선택한 것이다.

대학교 때 야간학교 교사활동을 했었다. 내가 활동했던 성암 야간 학교는 비록 대학생들이 운영하는 열악한 대안학교였지만, 나름 일반 학교와 비슷한 시스템을 갖추고 있었다. 봄, 가을이면 학생분들^{학생의 대부분이 배움의 때를 놓친 어머님, 아버님들이었기에 학생들에게 존칭을 했다.}과 소풍도 가고, 체육대회도 했다. 그리고 여름방학과 겨울방학에는 교사들이 가장 좋아하는 교사수련회도 갔다.

어느 조직이나 그렇듯이 시간이 어느 정도 쌓이면 보이지 않는 가이드라인 같은 것이 생긴다. 일종의 관행 같은 것이다. 교사수련회도 마찬가지였다. 언젠가부터 지리산 아니면 소백산 둘 중의 하나라는 무언의 선택지가 생겼다. 선택의 한계를 긋는 것을 좋아하지 않는 나는, 어떤 일이 벌어질지 모르는 모험과 같은 교사수련회를 제안했다. 아기자기한 산길을 지나 작은 시골마을과 시골마을로 연결되는 코스에 마을회관에서 숙박하는 추상적이고 이상적인 제안이었다. 다소 모험적인 일정이라 반대하는 일부의 교사들이 있었지만, 가까스로 내 의견이 통과되었다. 그리고 그 모든 계획과 일정은 기획부장과 내가 맡는 걸로 결정이 되었다. 변화가 어려운 이유는 그것이 필요한지 알지 못해서가 아니라, 그것을 위해 누군가는 시간, 비용, 에너지를 투자해야 하기 때문이다.

답사팀을 꾸려 2박 3일 동안 광주부터 해남 땅끝마을, 완도, 장흥, 보성을 잇는 기가 막힌 교사수련회 코스를 만들어냈다. 물론 마을 이장님들께 동의를 얻어 마을회관에서의 숙박도 가능케 했다. 한 달 후 20여 명의 교사는 환상적인 남도 여행을 떠났다. 그동안의 교사 수련회와 다른 콘셉트에 교사들은 만족해했다. 하지만 문제는 마지막 날 생겼다. 마을회관에서 마지막 밤을 보내고 있을 때, 이장님이 갑자기 달려 들어오셨다. 동네에서 갑자기 어르신 한 분이 돌아가셔서 마을회관에 상갓집을 차려야 한다는 것이었다. 늦어도 이른 아침까지는 마을회관을 비워주어야 하는 상황이었다. 마을회관 앞 하천가에서 체육대회까지 하기로 한 우리의 일정에 문제가 생긴 것이다. 바로 긴급회의에 돌입했다. 문제가 생기니 처음 내가 이런 일정의 수련회를 제안할 때 반대했던 교사들이 다시 불만을 제기했다. 처음부터 이런 상황을 걱정했었는데 결국 일을 이렇게 만들어 버렸다는 둥 지금의 상황을 탓하기 시작했다. 심지어 함께 일정을 계획한 기획부장마저도 요샛말로 멘붕에 빠져버렸다. 어떻게든 내일 일정을 세워야만 했다. 투덜대고 있기에는 시간이 너무 촉박했다. 책임감 때문이었을까? 나는 다시 이런저런 의견들을 내놓았다. 아침에 마을 회관을 비우고 어디로 갈 것인지, 일정은 어떻게 할 것인지. 결국, 우리는 아침 일찍, 우리가 출발했던 청주로 돌아가기로 했다. 대신 올라가는 길에 조별로 미션을 주어서 청주의 한 장소로 찾아오는 게임을 하기로 했다. 그리고 우승한 팀에게 한 달분의 교사 회비를 면제해 주는 상품을 걸었다. 지금이야 흔하지만 1박 2일이나 런닝맨에서 하는 미션과 같은 것이었다. 교사수련회를 마친 후 자체평가에서 결국 그 미션게임이 가장 재미있었다는 평가를 받았다. 그리고 그 후 우리의 수련회에는 항상 미션이 있는 일정이 포함됐다.

선택의 다른 이름은 포기이다. 선택함으로써 얻게 되는 효용은 포기해서 생기는 기회비용의 대가이다. 때문에 완벽한 선택은 있을 수가 없다. 어떤 선택이든 아쉬운 부분이 있게 마련이다. 그 선택이 잘못된 것인지 아닌지를 판단하는 것보다 어떻게 하면 그 선택 안에서 최고의 결과를 만들어 낼 것인지를 고민하는 것이 더욱 생산적이고 의미 있는 일이다.

라켓을 먼저 내려놔

최근 들어 배드민턴을 배우기 시작했다. 그동안 운동을 하면 했지, 배우기는 처음이다. 운동신경이 다른 이들보다 좋은 편이라 처음 하는 운동도 몇 번만 하면 제법 잘하는 축에 속했기 때문에 정식으로 배운다는 것은 생각해 보지도 않았던 일이다.

그러던 내가 배드민턴을 배우게 된 이유를 설명하려면 대학시절의 처참한 기억으로 거슬러 올라가야 한다. 대학교 때 야간학교 교사활동을 했었다. 내가 담임을 맡고 있던 학생분이 계속 결석을 해서, 가정 면담을 가기로 했다. 50세 정도의 아주머니였는데 동호회 활동 때문에 집에 없으니 배드민턴장으로 오라고 하셨다. 학생분은 배드민턴장까지 온 김에 한 게임 하자고 제안했다. 아무리 그래도 그렇지 스무 살의 혈기왕성한, 그것도 운동신경 좋은 청년과 50대 아주머니가 게임이 될까 싶었지만 거절할 수는 없었다.

결과는 참패였다. 아무리 빨리 뛰고, 라켓을 세게 휘둘러 봐도 승부에 변함은 없었다. 배드민턴은 타법이 정확하지 않으면 아무리 세게 휘둘러도 셔틀콕깃털로 덮인 배드민턴 공이 멀리 날아가지 않는다.

그리고 그 타법은 하루 이틀에 익힐 수 있는 게 아니다.

배드민턴을 칠 때에는 순간적인 손목의 스냅이 굉장히 중요하다. 따라서 꾸준한 훈련을 통해 손목의 힘을 길러야 한다. 또한, 라켓을 잡는 그립도 손목 힘을 배가하는 데 굉장히 중요한 역할을 한다.

그러나 운동신경이 좋은 나는, 본능적으로 부족한 손목의 힘을 팔꿈치와 몸의 반동으로 보완해서 손목의 힘을 제대로 활용하는 사람들과 비슷한 결과물을 만들어 내고 있었다. 말 그대로 시늉이었다. 순간적으로 비슷하게 보일지는 모르지만, 결과적으로 팔꿈치와 허리에 무리를 가져오고 만다. 결국은 손목 힘을 길러야 한다. 시늉으로 따라가지 못할 벽이 나타나면 결국 손목 힘이 부족해서 주저앉고 말 것이다. 그리고 그 손목 힘은 정확한 자세와 타법을 지탱해 준다.

배드민턴을 처음 배우던 날, 코치는 나에게 배드민턴 라켓을 꺼내지도 못하게 했다. 그리고 셔틀콕 끝을 두 손가락으로 잡고 최대한 멀리 던지는 연습을 시켰다. 족히 1,000번은 던졌던 것 같다. 그리고 나서야 비로소 라켓을 쥘 수 있었다. 그리고 코치가 던져주는 셔틀콕을 치는 순간, 한없이 겸손해졌다. 동호회에 가입하고 3주 동안 치면서 한 번도 제대로 해내지 못한 하이클리어^{높고 멀리 보내는 기본타법}를 명쾌한 타격감과 함께 해낼 수 있게 되었다. 손목에 전해지는 묵직한 통증만큼 셔틀콕이 시원하고 묵직하게 날아갔다.

요령은 분명 중요하고, 시작점에서의 그 비중은 더 크다. 그렇기 때문에 그것을 가지고 있는 사람은 그렇지 못한 사람보다 초반에 쉽게 성과를 낸다. 하지만 그것에 취해 '기본'을 간과하는 경우가 적지 않다. 기본 없는 요령으로 해 온 사람은 그것을 뛰어넘는 벽을 만났을 때, 돌이킬 수 없는 슬럼프에 빠지기 쉽다. 아니, 정확히 말하면 슬럼프가 아니라 한계에 다다른 것이다. 물 긷기를 건너뛰고, 화려한 봉술은 배울 수 있으나, 일격필살의 파괴력 있는 봉술은 습득하기는 힘들다.

- 수료 시 강의안 제공
- 수료 시 ○○연구소 수료증 발급
- ○○연구소 전임 강사 자격 부여
- 추후 강의 연계 가능

　나를 찾아오는 많은 강사지망생의 얘기를 듣다 보면 오히려 나보다 많은 강사과정을 수료한 경우가 많았다. 그게 온전히 배움을 위한 것이라면 큰 문제가 없으련만, 자신만의 강의 콘텐츠가 없고, 강의 기회는 더더욱 없기에 어쩔 수 없이 선택한 것들이라면 문제가 되기 시작한다.

　강사과정을 수료한다고 강사가 되는 것은 아니다. 강의 기회가 무조건 주어지는 것도 아니다. 한 번 정도는 주어질지 모르지만, 그것이 이어지기는 힘들다. 혹자는 강의안대로만 하면 된다고 하지만 스스로 소화하지 못한 강의안은 제아무리 좋은 강의안이라도 제대로 강의하기 힘들다. 결국, 기본적인 강의력, 기본적인 말할 거리를 가지고 있어야 강의 무대에 설 수 있는 것이다.

　눈앞의 기회만 보다가는 제대로 강의도 하기 전에 부족한 강사로

낙인찍히기 십상이다. 차근차근 공부하면서 스스로 말할 거리를 찾아내야 한다. 사람들이 나에게 궁금한 것이 무엇이고, 내가 그들에게 해 줄 얘기가 무엇인지를 발견해야 비로소 강사가 되는 것이다.

기회는 준비된 자에게 온다고 한다. 준비가 되지 않았으면서 기회를 찾는 데에 연연한다면 정작 기회가 왔다고 해도 그 기회를 이어나가기 힘들다.

전혀 새로운 것

고향 집 화재와 산업 재해로 잘 다니던 회사를 그만둘 수밖에 없었던 나는 고향으로 내려가 장사를 하기로 마음먹었다. 서른이 넘은 나이에 마땅히 지원할 회사도 없을뿐더러 직장 생활만으로는 어머니와 여동생을 챙길 만큼 넉넉한 돈을 벌 수 없을 것 같았다.

돈 없고 백 없는 사람들이 가장 쉽게 접근할 수 있는 장사가 왜 노점인지는 내가 그 상황이 되어보니 이해하려 하지 않아도 알 수 있었다. 장사는 처음이지만, 본능적으로 차별화된 아이템을 찾아야겠다는 생각에 나름 한 달여 동안 시장조사를 했다. 본격적으로 쌀쌀해지는 11월은 그야말로 붕어빵 노점 천국이었다. 한 블록이 멀다 하고 붕어빵 노점들이 자리 잡고 있었다. 오래 생각지 않아도 붕어빵만은 피해야 할 아이템이었다. 젊은 청년이 운영하는 열정적이고 재기발랄한 노점을 하고 싶었다. 우선은 인테리어부터 차별화하기로 마음먹었다. 전국을 수소문해 독특한 노점 인테리어를 하는 한 사장님을 만났다. 지금이야 푸드 트럭이 흔하지만, 당시에는 노점에 간판만 달아도 눈에 띌 정도로 대부분의 노점이 인테리어에는 거의 신경을 쓰지 않았다.

사장님께 부탁해 어디에서나 볼 수 있는 차가운 느낌의 스테인리스가 아닌, 원목을 이용해 따뜻한 느낌이 나는 인테리어를 완성했다.

"대희 씨는 어떤 아이템을 팔 예정이에요?"

마무리 작업을 하던 사장님이 물었다. 아직 시작도 안 했는데 나만의 특급 아이템을 발설할 수는 없다는 생각에 바로 대답하지 못했다. 하지만 이내 믿을 만한 분이라는 생각에 고심 끝에 결정한 내 특급 아이템을 이야기했다.

"사발면을 팔려고요. 찬밥과 반찬을 준비해 놓고 사발면만 판매할까 생각 중입니다. 대학생 대상으로 간편한 요깃거리나 해장용으로 괜찮을 것 같아서요."

괜찮은 아이템이라고 놀라는 반응을 보일 것이라는 생각과는 달리 사장님은 덤덤한 표정이었다. 제대로 된 아이템을 알아보지 못하는 게 안타까울 따름이었다.

"대희 씨는 붕어빵 노점과 치킨집이 전국에 몇 개인 줄 알아요?"

"아니요. 하지만 엄청 많다는 건 알아요."

"맞아요. 정확하게 파악이 안 될 만큼 많아요. 수도 없이 생기고 수도 없이 사라지니 제대로 파악하는 것도 무리겠죠."

"네, 그래서 붕어빵이랑 치킨은 경쟁력이 없는 것 같아요."

"대희 씨, 대희 씨는 왜 노점을 시작하려고 하죠?"

"부득이하게 직장을 그만두게 되었고, 지금 모아놓은 돈으로 할 수 있는 거라고는 그나마 노점밖에 없기 때문이죠."

"그래요, 노점을 시작하는 대부분의 사람들이 대희 씨와 같은 이유일 거라 생각해요. 한 해에도 생겨났다가 사라지는 노점들이 어마어마해요."

"그렇겠죠, 그나마 시작하기 쉬운 장사니까요."

"그런데 그 사람들은 대희 씨처럼 차별화된 아이템을 판매하고 싶은 생각 안 했을까요?”

“….”

“대희 씨가 생각하는 그 아이템이 지금 없다는 것은 아직 안 나왔다기보다 나왔다가 이미 사라진 걸 수도 있어요.”

“….”

“차별화라는 것은 완전히 다른 것을 하는 것이 아니라, 고객의 수요가 있는 곳에서 다른 관점으로 접근하는 거예요. 아무도 없는 틈새를 공략하지 말고, 시장이 될 수 있는 틈새를 공략하는 게 틈새시장 전략이고 차별화가 아닐까요? 경쟁력이 없어 보임에도 불구하고 붕어빵과 치킨집이 계속 생기는 이유는 장사가 되기 때문이에요. 대희 씨가 차별화를 하려면 그 시장 안에서 차별화를 해야 할 겁니다.”

‘도대체 치킨집은 그렇게 많은데 왜 자꾸 생겨나는 거야?’
‘골목마다 하나씩 있는 붕어빵 노점은 또 왜 자꾸 생겨나는 거야?’

도무지 이해할 수 없었던 상황들이 이해가 되기 시작했다. 그제야 언젠가부터 구운 치킨, 두 마리 치킨, 옛날 치킨 등 다양한 스타일의 치킨이 생기고 있다는 것도 비로소 보이기 시작했다. 그것이 내가 고잉빵 고구마를 먹은 잉어빵 노점을 시작하게 된 이유였다.

　나에게 강사가 되고 싶다고 찾아온 이들의 대부분은 그들이 기존에 하던 일을 그만두고 전혀 새로운 강사라는 분야에 도전하려고 한다. 나도 그랬던 적이 있기에 그들의 마음을 전혀 이해하지 못하는 것은 아니다. 하지만 아무것도 없이 처음부터 시작하는 것은, 정지하고 있는 자동차를 움직이게 하는 것만큼이나 엄청난 에너지가 필요하다. 움직이는 상태에서 방향을 바꾸는 것과는 차원이 다르다는 것이다.
　영어강사를 버리고 청소년 멘토가 될 것이 아니라 영어를 무기로 청소년 멘토를 꿈꾸는 것이 더욱 가능성 있는 선택이다. 블루오션은 전혀 새로운 곳에 생기는 청정의 바다가 아니다. 레드오션에서 태동해 퍼플오션을 거쳐 온 종착지이다.

주차왕이 되려면

평일보다 주말에 더 일정이 많은 요즘이다. 한 달에 한 번 있는 모임을 가기 위해 지하철에서 내려 강남역 1번 출구의 계단 앞에 섰다. 기다란 계단의 끝에 사람들이 옹기종기 모여 있었다.

'무슨 일이지?', '가두행사라도 하나?', '주말이니 등산동호회 사람들인가?'

내 머릿속에는 계단 꼭대기에 있는 사람들에 대한 궁금증으로 가득했다. 에스컬레이터도 없는 길고 긴 계단을 오르면서도 그 사람들에 대한 추리(?)는 계속됐다.

마침내, 계단의 끝에 다다르고 숨을 헐떡거리며 그 사람들이 서 있는 곳을 지켜본다.

여느 때와 다름없는 똑같은 거리였고, 복장을 봐도 등산동호회 사람들은 아닌 듯했다. 그러나 이내 눈치를 챘다. 그들도 나처럼 헐떡대고 있었다는 것을….

길고 긴 계단을 쉬지 않고 올라온 이들이 잠시 숨을 고르고 있는 모습이, 내겐 마치 그곳에 무언가 있는 것처럼 보인 것뿐이었다. 올라와 보지 않았다면 전혀 상상도 못했을 이유였다.

대형 할인점에서 4년 정도 근무한 경력으로 한 개인마트의 부점장으로 근무한 적이 있다. 부점장이라고는 하지만 상품 진열부터 판매, 배달까지 멀티플레이어가 되지 않으면 안 됐다. 이전에 하던 향수 사업에 실패하고 개인마트에 들어온 이유는 다음 사업을 위한 자본금을 마련하기 위해서였다. 그래서 근무 중에도 끊임없이 다음 사업을 구상했다. 그러다 발견한 곳이 내가 다니던 고등학교 후문에 위치한 분식점이었다. 12평 정도로 작은 규모의 분식집인데도, 상당한 양의 식자재를 끊임없이 주문하곤 했다. 그리고 쉬는 시간이나 식사 시간만 되면 학생들이 바글바글할 정도로 장사가 잘 되는 곳이었다.

'점포 임대 - 개인적인 사정으로 가게를 급하게 내놓습니다.'

배달을 다녀오면서 굳이 그 분식집 앞을 지나갔다. 오늘은 얼마나 많은 학생들이 나왔나 확인하기 위해서였다. 장사가 그렇게 잘되는데도 불구하고 점포를 내 놓는 걸 보니, 정말 급한 사정이 있는 듯했다. 말 그대로 누군가가 급하게 그 가게를 차지할까 봐, 모아 놓은 돈에 어머니께 지원을 조금 받아 바로 그 분식집을 계약했다.

'맛짱 분식'

한 달간의 준비를 마치고, 드디어 분식집을 오픈했다. 이전 분식집과는 달리 젊어 보이는 콘셉트로 밝게 디자인한 외관 때문인지 더 많은 학생들이 우리 가게를 찾았다. 식사 시간이나 쉬는 시간만 되면, 학생들은 여전히 긴 줄을 섰다. 하루에 거의 300명 정도씩은 꾸준히 나왔다. 아마 누군가 그 모습을 보았다면 엄청난 대박집이라고 생각했을 것이다. 이전 분식집일 때, 내가 배달을 다니며 그렇게 생각했듯이. 하지만 막상 금고를 열어보니 상황은 정반대였다.

학교 앞 분식집의 특징은 학생들이 거의 매장에 앉아서 먹지 않는다는 것이다. 기껏해야 500원짜리 컵떡볶이를 사서 나가는 정도였다. 그것도 한 명이 사면, 거기에 두 명이 나무젓가락 두 개를 들고 달라붙는 것이 다반사였다. 그러니 300명의 학생들이 왔다 갔다고 한들, 매출은 고작 5만 원 남짓이었다. 순수익도 아니고 12평 매장에 매출이 고작 5만원 수준이라니, 망해도 제대로 망한 것이다. 정신없을 정도로 학생들이 많이 나와도, 끝이 보이지 않을 정도로 학생들

모교 후문에서 시작한 맛짱분식. 학생들이 많다고 장사가 잘 된다는 생각은 오산이었다.

이 줄을 서도, 그것은 그저 보이는 부분에 불과했던 것이다.

보이는 것이 전부는 아니다. 누군가 그 실체를 제대로 이야기하더라도 내가 직접 가 보지 않으면 온전히 그것을 믿지 않는다. 어른들 말씀이 틀리지 않다는 것을 꼭 지나 봐야 아는 것이 같은 이유이다.

보이는 것과 실체의 차이를 알게 되면 그 다음을 보는 안목이 생긴다. 학생들이 많이 온다고 해서 무조건 매출이 잘 나오는 것은 아니라는 것을 아는 순간, 효율적으로 객단가를 올리는 방법을 연구하는 생각의 카테고리가 생긴다.

초보 운전자가 가장 힘들어하는 것 중의 하나가 주차이다. 운전석에서 보이는 간격과 실제 간격에 차이가 있기 때문이다. 결국 차에서 여러 번 내려 확인해야지만 간신히 주차할 수 있다. 하지만 이도 역시 반복될수록 보이는 것과 실제의 차이를 가늠할 안목이 생긴다. 운전석에서 내리지 않고 완벽한 주차를 하기를 원한다면 귀찮더라도 자주 내려서 실제의 간격을 확인하며 주차를 해 봐야 한다.

100만 원, 엄청 아쉬울 걸?

잘 다니던 직장을 그만둔 지인들과 대화해 보면, 다니던 직장에 대해 좋게 이야기하는 사람들보다, 그렇지 않은 경우가 더 많다. 말 그대로, 때려치운 케이스다. 물론 좋게 마무리하고 모두가 축복하는 퇴사를 하기도 하지만, 대부분 일에 질려서, 사람에 질려서 회사를 그만둔다. 이른바 번 아웃burn-out 상태에서 그만두어, 그 마무리가 매끄럽지 못하다. 하지만 그럼에도 잘 그만두어야 한다.

번 아웃 상태에서 일을 그만둘 경우, '당분간', 또는 '다시는' 그 일을 안 하겠다는 사람이 많다. 하지만 배운 게 도둑질이라고, 언젠가는 그 일을 다시 하게 된다. 문제는 이때 발생한다.

어찌 됐든, 동종 업계나 유사한 업계의 일을 하게 되니, 전 직장에서의 내 평판이 지금 하는 일에 영향을 주는 경우가 상당히 많다. 어차피 그만두고 안 본다는 생각으로 때려치웠다가, 마음 다잡고 다시 일을 시작할 때 발목을 붙잡히는 경우다. 재취업을 위해 면접을 볼 때에도 전 직장을 왜 그만두었는지가 가장 많이 등장하는 질문이다.

비단 평판만의 문제가 아니다. 경력자를 우대하는 이유는 관련 업계의 시장 상황을 잘 알고 업무에 능숙한 것 외에도, 필요한 상황에서 조언을 얻거나 도움을 주고받을 인맥이 있기 때문이기도 하다. 자존심 때문에 경력자로서의 장점을 이끌고 가지 못한다면 스스로 성장의 한계를 제한하는 것이나 다름없다.

"죄송합니다. 실업급여 지급 대상자가 아니십니다."

첫 직장을 호기롭게 때려치운 나에게 첫 번째로 온 시련이었다. 지금 생각하면 알량한 자존심에 회사를 멋지게 때려치우고 나왔다. 그리고 뒤늦게 새로 할 일들을 찾았지만, 번 아웃 상태의 나에게 기존에 하던 일을 제외하면 할 수 있는 것이 별로 없었다. 생각보다 구직기간이 늘어나면서 실업급여라도 받으려고 고용지원센터를 찾

았는데, 실업급여 지급이 불가하다는 것이었다.

실업급여란, 실업 상태의 구직자들에게 원활한 구직활동을 위해 지원해 주는 국가적 차원의 고용보험정책이다. 물론 직장 생활 중 매월 월급 중 일부가 고용, 산재보험료로 차감되었으니, 누구나 정당하게 받을 수 있는 지원금이다. 그런데 유일하게 이 실업급여를 받을 수 없는 조건이 '자발적 실업'인 경우이다. 즉, 회사차원에서 인원 조정을 해서 비자발적으로 실업상태에 놓였을 때에만 수령이 가능하다.

퇴사한 직원이 실업급여를 신청한다고 해서 그 회사에 비용이 청구되거나 피해가 가는 일은 없기 때문에, 퇴사 시 회사와 잘 이야기해서 마무리하면 아무 문제없이 실업급여를 받을 수 있다.

나는 그때만 하더라도 이 부분에 대해 전혀 몰랐기 때문에 호기롭게 때려치우고, 자발적 실업상태가 된 것이었다. 아무리 더럽고 치사해도 한 번만 고개를 숙이면, 6개월 동안 매월 100만 원 정도의 실업급여를 수령 받을 수 있다.

한창 경제활동을 할 때야 100만 원 정도가 아무것도 아니라 느낄 수 있을지 모르지만, 구직기간 중 매달 100만 원을 받는 것과 그렇지 않은 것은 심리적, 경제적으로 엄청난 차이이다. 실업급여의 수령 유무가 조금 더 여유를 가지고 신중하게 다음을 준비할 수 있느냐 마느냐를 결정하는 노골적이지만 외면할 수 없는 이유이기 때문이다.

이것이 회사를 잘 그만두어야 하는 또 다른 이유이다.

욕심 버리기

"**대학생** 대상으로는 책 출간이 의미가 없습니다."

　주변에서 책을 내보는 것이 어떠냐는 권유가 많아 한 출판사 팀장을 만나 책 출간에 관련한 이야기를 나눈 적이 있다. 그동안 블로그에 꾸준히 써 놓았던 글들이나 주로 강의하는 대상이 대학생이라는 이야기에 팀장은 난색을 표했다. 출판 시장에서 대학생은 돈이 안 되는 고객층이라는 것이었다. 약간의 콘셉트만 바꾸면 직장 초년생까지 고객층을 확대할 수 있으니 대학생이 아닌 직장인 대상 책을 쓸 것을 추천했다.

　돌아보니 이런 조언을 들은 것이 이번만은 아니었다. 한창 대학교 등 청년층 대상으로 강의를 하고 있을 무렵, 만나는 선배 강사들은 기업이나 대중을 상대로 한 강연을 해야 몸값을 올릴 수 있다고, 타게팅을 포괄적으로 해 볼 것을 권했다. 실제로 약간의 콘셉트를 바꾸자 그럴 듯한 대중강의도 가능했다. 선배 강사들의 말대로 학교 강의보다 강의료도 많이 책정되었다. 기업에서 강의를 한 번 하는 것이 대학교에서 몇 번 강의하는 것보다 더 나았다.

그러나 느낌이 달랐다. 하기 싫은 일을 억지로 하는 느낌, 딱 그 느낌이었다. 선배 강사들과 출판 담당자의 말을 들은 이후의 내 모습을 돌아본 어느 날, 나는 또 하기 싫은 일을 돈 때문에 억지로 하고 있었다. 대학생이나 청년층을 생각하며 쓰던 글들엔 직장인이나 일반인들도 공감할 것 같은 내용들을 억지로 구겨 넣고 있었고, 강의역시 마찬가지였다. 블로그를 시작하고 4년 동안 거의 매일 쓰던 글은 어느 순간 일주일에 한 번, 한 달에 한 번으로 그 횟수가 줄어들고 있었다. 몸에 맞지 않는 옷을 입고 있었기 때문일 것이다.

"타게팅이 중요합니다."

블로그나 SNS 컨설팅을 하며 고객 또는 고객사에 나는 항상 타게팅의 중요성을 강조했다. 명확한 제품이나 콘텐츠를 가지고 있으면서도

구체적인 타게팅을 못하는 것이 안타까웠다. 그런데 강의를 하면 할수록, 책 쓰기 작업을 하면 할수록 나 역시 그렇지 못하다는 것을 알았다.

'욕심 버리기'

콘텐츠 발견, 세분화, 타게팅, 마케팅 순으로 진행하던 내 컨설팅에 이제 하나의 항목이 더 생겼다. 바로 '욕심 버리기'이다. 타게팅을 위해서 당연하다 생각할지 모르지만, 생각보다 많은 사람과 기업들이 이 '욕심 버리기'를 못한다. 고객의 규모나 사업의 규모는 초기에 미리 결정하는 것이 아니라, 세부 타게팅으로 이미 진행된 결과를 확인한 후에야 차근차근 만들어지는 것이다.

직장인, 또는 1인 기업 대상으로 확장되어 진행되던 책 쓰기 작업은 이제 청년 대상으로 타게팅의 범위를 좁혔다. 이리저리 방황하며 쓰던 글의 방향은 정확히 한 곳을 바라볼 수 있게 되었다. 수년 동안 써왔던 글들을 타겟에 맞게 정리하고, 새로운 글들을 써내는 작업을 시작하자, 불과 일주일 만에 책 한 권 분량의 글이 완성됐다. '욕심 버리기'만으로 정체된 퇴근길이 뚫리듯 진도가 나가기 시작했다.

'언젠가' 행복할 거야

서른 중반을 넘어 후반으로 향하는 요즘, 적어도 한 달에 한 번은 상갓집에 가게 된다. 이십 대 초반, 성인이 되고 처음으로 가던 상갓집과 지금과는 그 느낌이 많이 다르다. 어느새 일상과 비슷한 자연스러움이 생긴 것은 거부할 수 없는 사실이다.

정장을 차려입고, 무거운 표정으로 상주를 맞이하고, 최대한 공손해 보이는 자세로 절을 한다. 상갓집에서 술잔을 부딪치는 것은 예의가 아니라는 것을 이제는 설명하지 않아도 안다. 그러면서도 평소의 친분 정도에 따라 부의금을 얼마를 할지 고민하는 계산적인 모습도 없지 않다. 이십 대 초반의 순수한 조문 태도와 차이가 있는 것은 분명하다. 그런 내 모습을 새삼 돌아보게 된 사건이 있었다.

"○○형이 세상을 떠났대요."

대학교 때 같이 야학을 하던 후배가 갑자기 세상을 떠났단 소식이었다. 일상이 되어 버린 것 같다고 얘기했지만, 대부분, 아니 모든 상갓집은 나보다 손윗사람의 상이었다. 내 또래나 나보다 어린 연배의 상은 가 본 적도 생각해 본 적도 없었다.

상갓집에 마주 앉은 선후배들은 모두 말을 잇지 못하고 있었다. 후배의 아버지가 돌아가신 줄 알고 조문을 왔다가 영전에 있는 후배의 사진을 보고 주저앉은 다른 후배도 있었다. 끊임없이 우는 이들도 있었고, 멍하게 앉아있는 이들도 있었다.

"인생 열심히 살아야 다 쓸데없어."

평소 술을 먹지 않던 선배는 혼자 소주 두 병을 비워내며 한탄했다. 누구보다 성실히 살던 후배가 한 순간에 고인이 된 것에 대해 허무한 마음이 컸으리라.

그럼에도 나와는 참 많이 다르다는 생각을 했다.

청춘력

나는 더 열심히, 더 의미 있는 오늘을 살아야겠다는 생각을 했다. 오늘 이렇게 될 줄 몰랐기에 후배는 가족들에게 제대로 된 인사도 못 했을 것이다. 언젠가 더 행복할 내일을 위해 어제도 열심히 일만 했을 것이다. 이렇게 불행해질 줄은 상상도 못했을 것이다.

'어제 부상자 35명, 사망자 1명'

후배의 그 일 이후, 도심에서 보는 이 전광판을 볼 때마다 나는 다시 마음을 다잡는다. 미래를 위해 오늘을 투자하는 것은 반드시 필요하지만, 오늘 죽더라도 후회 없이 사랑하는 사람들에게 표현하고, 나 스스로에게 선물을 하자라는 생각을 다잡고, 또 다잡는다.

"내가 이것도 못 보고 죽을 뻔 했다."

마카오 여행 중, '하우스 오브 댄싱 워터' 공연을 보고 나오며 어머니께서 말씀하셨다. 너희 부부나 다녀오라며 극구 안 오겠다던 여행을 함께 온 어머니에게서 들을 거라고 생각도 못한 말이었다.
'언젠가' 강사로서 자리 잡게 되면, 경제적으로 넉넉하게 되면, 어머니 모시고 여행이라도 가고 싶다는 생각은 했었다. 돌아보면 그냥 '생각'뿐이었다. 결혼하면서 아내의 닦달에 조금 무리하면서 어머니를 모시고 간 여행이었는데, 그 여행이 나의 막연한 희망을 현실로 만들어 주었다. 또 한 번의 가족 여행을 계획하게 했고, '언젠가' 하겠다고 35년 동안 미루어 놓았던 해외여행을 3개월에 한 번씩 가게 했다. 그렇다고 내 오늘이 무너졌을까? 전혀 그렇지 않다. 나의 오늘은 여느 때의 오늘과 다를 바 없고, '언젠가' 하겠다던 그것들을 오늘

마카오 여행 중 어머니. 태어나서 이렇게 활짝 웃는 어머니를 본 적이 없다.

다 이루고 있다.

　생각보다 오늘 할 수 있는 것은 많다. 물론, 그것은 내일도 할 수 있다. 하지만 내일은 아직 주어지지 않은, 없을지도 모르는 '언젠가'이다. 돈 모아서 언젠가 하겠다던 그 여행도, 시간되면 언젠가 하려던 그 일도 찬찬히 살펴보면 오늘 시작하지 못할 이유가 없다.

우린 영업 같은 거 안 해

최고를 달리고 있던 한 강사, 끝이 없을 것 같은 그가 한 번에 무너졌다. 학력 위조 논란, 논문 표절 논란 등 그를 시기하는 사람들에 의해 재기된 음모론과 스스로 제동 걸 수 없는 과한 자신감으로 인해 허무하게 말이다. 최고의 자리는 다른 이의 시기에 의해서도 위협을 받지만, 과유불급을 모르는 스스로의 태도 변화로 무너지기도 한다.

가끔 강단에서 고압적인 태도로 강의를 하는 강사를 보곤 한다. 에둘러 얘기하지 않고 정확히 핵심을 찌르기도 하지만, 자신이 이야기하는 것만이 꼭 답인 것 마냥 청중들에게 각인시키려 하는 경우도 있다. 과한 자신감이 오만함으로 바뀌는 것은 한 순간이다. 스스로 그것을 인지하지 못하는 순간, 나락의 길로 접어들게 된다.

제조나 건설업의 경우, 한 분야에서 오랫동안 근무하며 자신만의 노하우를 쌓아 온 사람들의 다음 스텝은 대부분 자기 사업이다. 직접 창업을 해서 그동안의 노하우와 현장 경험들을 총망라해 사업을 시작한다. 낙하산 인사처럼 현장 경험이 전혀 없는 오너보다야 훨씬 낫겠지만, 항상 그렇지만도 않다. 자신이 해온 방법 이외의 것을 거부하거나 불편해하며 다양성을 인정하지 못하는 경향이 있다.

극단적으로 오른손잡이와 왼손잡이의 작업자세를 본인이 정해주는 대로 하기를 원하기도 한다. 어떤 상황에서는 원하는 성과를 내기도 하지만, 또 다른 상황에서는 생각대로의 성과가 나오지 않는다. 이는 자신의 경험과 노하우만을 맹신하는 데에서 오는 필연적 결과이다.

클라이맥스에 취하지 말아야 한다. 악단 전체를 이끌어야 할 지휘자가 클라이맥스의 웅장한 소리에 취해 베이스를 받쳐주는 다른 악기들을 바라보지 못한다면 끝까지 제대로 된 연주로 마무리할 수 없다. 작은 소리조차 잘 캐치하는 지휘자가 그것을 놓는 순간 무너지는 것이다.

클라이맥스에 취하면 클라이맥스까지 가기 위해 해 온 노력들을 조금씩 무시하거나 놓게 되는 경향이 있다. 자전거가 잘 달리고 있다고 해서 페달에서 발을 떼는 것과 마찬가지로 말이다.

"우린 영업 같은 거 안 해."

동업으로 시작한 사업에 함께하고자 찾아온 한 업체의 대표에게 우리 대표가 이야기했다. 나는 그 말을 듣는 순간, 무언가 잘못 되어 가고 있다는 것을 직감했다. 그랬다. 우리는 사업 초기 하루에 10명이 넘는 업계 관계자들을 만나 우리가 앞으로 할 사업들에 대해 소개를 하고, 당장은 부담되지만 그 회사의 행사들에도 꼬박꼬박 참여하곤 했다. 그런데 어느 순간부터 그렇게 하고 있지 않았다.

노력의 결과 많은 일들이 들어오고 사업이 바빠지자, 영업에 투입할 인력들조차 현장에 투입하고, 들어온 일에만 집중하는 상황이 벌어지고 있었다. 개인적으로는 건강상의 이유로 중간에 그만두게 됐지만, 결국 그렇게 시작한 우리 회사는 페달을 놓은 순간 서서히 멈추는 자전거처럼 일거리가 없어지기 시작했고, 결국은 영업 안 한다고 자랑하며 그렇게 무시하던 업체들에 전전긍긍하며 일감이나 찾아다니는 신세가 되고 말았다.

애플, 구글, 페이스북 등 오늘날 누가 봐도 최고의 기업인 이들조차 끊임없이 혁신적인 기술을 연구한다. 아마도 그들은 클라이맥스에 이르는 과정과 클라이맥스에서 내려오는 과정이 다르지 않음을 이미 알고 있을 것이다.

잘 달리고 있다면 넘어질 것을 조심해야 한다. 빨리 달리면 달릴수록 넘어졌을 때 더 큰 상처를 입을 확률이 높기 때문이다. 다시 일어서기 힘들 만큼 큰 상처를 얻기 전에 주의하고 또 주의해야 한다.

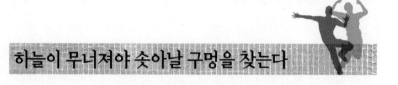

하늘이 무너져야 솟아날 구멍을 찾는다

'하늘이 무너져도 솟아날 구멍이 있다.'고 하지만 나에게는 하늘이 무너지기 전까지는 구멍이 왜 필요한지 모를 경우가 더 많았다. 결국, 하늘이 무너져야 구멍을 찾기 시작했다.

호기롭게 시작했지만 일 매출 5만 원 정도를 간신히 찍는 맛짱 분식의 마케팅에 대대적인 수정이 필요했다. 바쁘기는 정신없이 바쁜데 한 사람 인건비도 안 나왔으니 말이다. 예상했던 상황이라면 즉각 대처가 가능했을 텐데, 생각도 못했던 상황이라 웬만하면 당황하지 않는 나도 적지 않게 당황했다.

세상을 바꿀 최고의 혁신 제품이라며 온 세상이 '스마트폰'에 대한 뉴스로 가득했던 2010년 초였다. 나에게는 그저 최신 휴대폰 정도로 밖에 느껴지지 않았다. 그런데 어느 날부터 뉴스에 생전 듣지도 보지도 못한 용어들이 넘쳐나기 시작했다. '어플리케이션', 'SNS' 등의 용어들은 나름 신세대인 나로서도 잘 이해가 가지 않는 것들이었다. 장사를 한다고 시작했는데 최신 트렌드를 놓쳐서는 안 되겠다는 생각에, 나는 10년 넘게 고수해 오던 통신사를 바꾸어 스마트폰을 장만했다. 그제야 어플리케이션이 스마트폰에 설치해서 사용하는 프로그램임을 알았고, SNS가 세이클럽처럼 온라인의 다른 사람들과 소통하는 플랫폼임을 알았다.

'배달의 민족'

온갖 어플리케이션을 다 뒤져 보다가 '배달의 민족'과 '배달통'이라는 어플리케이션을 알게 되었다. 무료로 업체의 정보와 메뉴를 올려놓으면 배달 음식을 주문하려는 고객과 연결해 주는 플랫폼이었다. 반신반의하며 두 어플리케이션에 업체등록을 했다.

'국과 탕의 모든 것, 맛짱국짱'

맛짱 분식이 아니라 국과 탕을 배달하는 '맛짱국짱'을 등록했다. 아침에 국이나 탕을 끓이기 귀찮아서 밥을 굶고 나가는 사람들을 위해 국과 탕을 배달하겠다는 콘셉트였다. 어플리케이션만은 믿을 수 없어 전단지도 함께 만들어서 돌렸다. 그러자 바로 반응이 오기 시작했다. 점심, 저녁 시간 즈음이 되면 여지없이 주문이 들어오기 시작했다. 그동안의 학습효과 때문일까? 사람들은 국이나 탕을 주문하며 밥도 함께 주문했다. 보통은 밥이 포함되지만, '맛짱국짱'은 국과 탕이라는 콘셉트 때문에 공깃밥은 포함시키지 않았다. 그러나 밥을 같이 주문하는 경우가 많았기에 어쩔 수 없이 공깃밥을 500원에 함께 팔기 시작했다. 그때 안 사실이지만, 공깃밥은 500원에 팔아도 충분히 남는 장사였다. 새로운 콘셉트에 공깃밥까지 500원에 판매하는 식당이 있다고 소문나자 주문은 점점 늘어나기 시작했다. 손님들이 원하는 메뉴들이 하나둘씩 추가되면서 '맛짱국짱'은 순식간에 자리를 잡기 시작했다.

반도체 업체가 어항 받침대를 판다고?

TV에서 애국가가 나올 때 흔히 볼 수 있는 장면이 있다. 연구원으로 보이는 사람들이 눈만 간신히 보이는 하얀 연구복을 입고 반도체에 대해 회의를 하는 장면이다. 초소형의 반도체를 제조하는 공간은 1mm의 티끌이라도 존재하면 안 된다. 그래서 크린복이라고 하는 특수 작업복을 입고, 크린룸이라고 하는 청정구역에서 작업을 한다.

케이씨티^{KCT}는 크린룸을 설계하고 제작하는 업체이다. 한때 내가 몇 년간 근무했던 곳이기도 하다.

"대희야, 잠깐 회사에 좀 들를 수 있니?"

어느 날, 케이씨티의 조정권 사장에게 전화가 왔다. 블로그와 SNS 마케팅을 하고 있는 내게 조언을 구할 것이 있다고 했다. 당시 조 사장은 이제 갓 서른 후반인 나이였지만, 혼자서 10년 만에 연매출 50억 정도를 달성하는 업체를 만들어냈다. 그리고 앞으로도 승승장구할 일만 남아 보였다.

그런데 오랫동안 좋은 관계로 유지해 오던 상위 밴딩업체^{이른 바, 甲}^사가 부도 위기를 맞으며 일거리가 갑자기 끊기게 되었다고 했다. 당장 공장 임대료와 10여 명의 직원 월급과 같은 비용들을 감당하기도 힘들어질 위기였다.

"축양장^{어항 받침대}을 만들어 보려고."

의외였다. 당장 블로그나 SNS를 활성화시켜서 반도체 관련 업무를 수주할 수 있는 환경을 만들려고 나를 부른 줄 알았다. 그런데 축양장이라니.

사실, 평상시 조 사장의 취미는 비단잉어를 기르는 것이었다. 공장 옆의 공터에 구덩이를 파 연못을 만들어서 비단잉어를 기를 정도였다. 크린룸을 만들기 위해서는 프로파일이라고 하는 알루미늄 재질의 자재가 필요하다. 일주일만 공사를 진행하고 나면 공장 한편에 알루미늄 프로파일의 자투리들이 쌓였다.

조 사장은 그 자투리들로 실내에서 비단잉어를 기를 수 있는 축양장을 만들기도 했다. 그리고 온라인 동호회에 그 축양장 사진을 올렸다.

보통 축양장은 나무로 만들었다. 하지만 나무는 시간이 지나면 모양이 뒤틀어지는 단점이 있었다. 동호회 회원들은 알루미늄 프로파일로 만든 축양장을 어디서 구매할 수 있는지 항상 문의해 왔다고 했다.

당장 회사를 유지할 비용조차 확신할 수 없던 조 사장은 밤낮을 고민하다가 취미로 시작한 축양장 제작을 사업으로 전환하려 한다고 했다. 바로 온라인에 카페를 만들어 온갖 물 생활 동호회에 홍보를 시작했다. 하루하루 유지하기도 힘들었지만, 그럼에도 매주 한 번씩 축양장 증정 이벤트를 진행했다. 카탈로그를 만들어 축양장이 필요할 만한 곳에 뿌리기 시작했다. '코이러브'의 탄생이었다.

　불과 보름 만에 코이러브는 전국에서 가장 활성화된 물 생활 카페가 되었다. 그리고 일손이 부족해서 축양장 공급이 어려울 정도로 주문이 넘쳐났다.

　사실, 축양장 사업으로 조 사장이 엄청난 이득을 본 것은 아니다. 하지만 일거리가 끊긴 상태에서 주저앉지 않고 다음을 바라보는 냉철함이 위기를 맞이한 케이씨티를 버티게 했고, 지금은 수십 명의 직원들의 생계를 책임지는 중견업체가 되는 디딤돌이 되었다.

PART 2

청춘력을
배우다

의자를 놓는 일

돌아보면 내 인생은 생각보다 많은 일이 작은 것에서 시작되었거나 이루어졌다.

뒤늦게 책 읽는 재미에 빠져 일주일에 두 권 정도는 꼬박꼬박 책을 읽을 때였다. 절실함이 있어서였을까? 책을 읽고 나면 그 책을 쓴 저자들을 만나고 싶었다. 그래서 저자들을 만나러 다니기 시작했다. 막연하게 생각하면 그 대단한 사람들이 나를 만나 줄까 걱정했지만, 생각보다 저자들은 흔쾌히 만남을 허락해 주었다. 실제는 그렇지도 않은데 나 스스로 지레 벽을 만드는 경우가 생각보다 많다는 것을 알게 된 것도 저자들을 만나러 다니면서부터다. 하지만 특별한 고정 소득이 없으면서 저자들을 매번 찾아가는 것이 비용 면에서 부담이 되기 시작했다. 이때만 해도 강사가 되겠다고, 하던 일을 다 그만두고 오로시 강사과정과 책 읽기에 몰두하고 있었다. 궁하면 통한다고 했던가? 마침 매주 한 번 저자들을 모시고 하는 무료 북토크쇼가 있다는 사실을 알게 됐다. 적어도 이 북토크쇼에 오면, 저자들을 따로 만나느라 쓰는 찻값이나 밥값은 절약할 수 있단 생각이 들었다. 그리고 매주 이 북토크쇼를 찾기 시작했다. 매주 참여하다 보니 스태프들과도 친분이 생기기 시작했다. 가끔 일찍 도착하는 날에는 스태프들과 함께 의자를 놓고, 방송장비를 세팅하는 등 준비작업을 함께 하기도 했다. 그리고 어느 순간, 나는 스태프 아닌 스태프가 되어 있었다.

"MC 한번 해 보실래요?"

네 명의 MC가 로테이션으로 진행하던 북토크쇼였는데, 갑자기 한 명의 MC가 함께할 수 없게 되면서 다음 주의 진행자가 공백이 생기게 되었다. 이 북토크쇼를 총괄 기획하고 진행하던 대표님이 느닷없이 내게 물어온 것이다.

"강사 준비하고 있다면서요? MC 경험도 나쁘지 않을 것 같은데
요. 어떠세요?"

평소의 나였다면 선뜻 하겠다고 나서지 않았을 것이다. 하지만 나
를 믿고 맡겨주는 대표님과 스태프들의 제안이 정말 감사했고, 감동
이었다. 또 하나, 나는 어느새 청중이라기보다 스태프에 가까운 입
장이어서 당장의 공백을 해결해야겠다는 마음도 MC를 수락하는
데 크게 작용했다.

그리고 그것이 <손대희의 리얼북톡>의 시작이었다. 방송을 위해
저자들과 사전 미팅을 하고, 콘셉트를 잡고 진행까지, MC로서 1년
가까운 시간동안의 경험은, 지금 생각해 보면 나에게 정말 소중한
시간이었다. 이후 강사로서 강의하는 데에도 <손대희의 리얼북톡>
MC 경험은 그 역할을 톡톡히 해냈다. 북토크쇼 MC라는 타이틀은
동기부여강사인 나에게 스펙 아닌 스펙이 되어 비슷한 경력의 다른
강사들에 비해 강의료를 더 받는 것은 물론, 나중에는 <손대희의 리
얼북톡> 포맷으로 정식 유료 콘서트를 진행하기도 했다.

"예측이 가능한 사람이었어요, 손대희 선생님은. 그만큼 신뢰가

갔다는 이야기예요. 의자 하나 놓는 일도 기꺼이 함께해 주는 모습이 언젠가는 같이 일하고 싶다는 마음을 갖게 했으니까요."

나중에 들은 이야기지만, 문득 나에게 온 MC라는 기회가 어쩌면 '우연'이 아니었다는 생각이 들었다. 그리고 그 시작은 누군가는 하찮게 여기는 '의자를 놓는 일'이었다. 의자나 놓던 청중 중 하나에 불과했던 나는, 북토크쇼의 MC를 한번 해 보고 싶어서 대표님 근처에 다가왔다가 어느샌가 사라지는 사람들이 그렇게 바라던 기회를 얻게 되었다.

의자 놓던 북토크쇼 참여자에서 손대희의 리얼북톡 MC가 되었다.
오른쪽은 재미웍스의 오종철 대표

아무리 위대한 일과 업적이라도 모두 '처음'에서 시작됐다. 완벽하게 시작하는 것은 존재하지 않는다. 조직이나 팀 안에서 모두가 같은 비중의 역할을 맡을 수는 없다. 하지만 하찮아 보이는 역할도 분명 필요한 역할이다. 99℃의 물이라도 마지막 1℃를 올리지 못하면 끓지 않는다.

'내가 이러려고 이 회사에 들어왔나 하는 심한 자괴감을⋯.'

사회 초년생일 때 정말 많이 하는 고민이다. 무시무시한 취업 전쟁을 치르고 입사했는데 정작 나에게 주어지는 것은 복사 또는 커피 타는 것과 같이 하찮은 일이다. 선배들처럼 멋지게 기획서도 써 보고 회의에서 프레젠테이션도 해 보고 싶은데 좀처럼 그런 기회는 주어지지 않는다.

대기업에 입사하기 위한 경력이 부족해 나에게 단기 알바라도 부탁했던 친구가 있었다. 당시 나는 대형할인마트의 정육 코너에 근무하고 있었다. 마침 단기 알바를 구할 일도 있어서 기꺼이 그 친구를 추천해 6개월 정도 함께 일했다. 비록 할인마트의 정육코너였지만 우리나라 1위 기업의 타이틀을 달고 있었기에 6개월 뒤 친구의 경력증명서는 그럴듯하게 포장됐다. 그 덕인지 친구는 누구나 알 만한 최고의 외국계 기업에 보란 듯이 합격했다. 그리고 3개월 뒤 다시 백수가 되었다. 매일 커피나 타고 심부름이나 하는 일들이 마음에 들지 않았고 이유도 모르게 혼나는 일들이 많았다고 한다.

며칠 전 10년 만에 그 친구를 만났다. 난 놈은 난 놈인지 그 후 우리나라 굴지의 공기업에 들어간 친구는 새로 들어온 신입 때문에 불만이었다.

"커피도 한 잔 제대로 못 타온다니까. 단 두 잔을 타도 물의 양이 달라. 복사는 또 어떻고, 한 번도 완벽하게 해온 적이 없어."

하찮게 생각하는 일을 제대로 하지 못하는 후임에게 더 중요한 일을 맡길 상사는 없을 테다. 보잘것없어 보이는 작은 일 하나를 제대로 해야 그보다 중요한 일이 나에게 맡겨진다. 지금 하는 일이 생각조차 하지 않았던 작은 일이라고 생각되면, 누구보다 열심히 잘 해보길 권한다. 그래야 조금 더 중요하고 큰일이 나에게 맡겨질 테니까 말이다.

최고의 꿀알바라고 불리는 한국 민속촌의 거지 알바는 최근 정직원이 되었다. 적당히 해서 용돈이나 벌자는 마음가짐으로 했다면 그런 파격적인 대우는 없었을 것이다. 빈 캔버스의 점 하나와 모나리자 같은 명화 둘 중의 하나를 고르라면 열이면 열, 모두 명화를 선택할 것이다. 하지만 명심하자. 모든 명화는 빈 캔버스에 점을 찍는 일부터 시작되었다는 것을. 그리고 당당하자. 작은 역할은 있어도 작은 배우는 없다.

"오빠, 그냥 물어보자."

사촌 누나의 결혼식장에 거의 도착한 것 같은데, 다 왔다고 방심하다가 길을 잘못 들었나 보다. 바로 내비게이션을 다시 켜거나, 지나가는 사람에게 물어보면 됐을 것을, 이상한 자존심 같은 것이 발동했는지 굳이 혼자 찾겠다고 차를 몬다. 그러기를 10분, 아내는 지금이라도 지나가는 사람에게 물어보자고 하지만, 지금까지 헤맨 것이 억울한 건지, 내 판단이 틀린 걸 인정하기 싫은 건지, 더 고집을 부린다.

'매몰 비용의 함정'

기존의 것에 투자한 비용과 시간은, 새로운 선택을 앞두고 머뭇거리게 하는 가장 큰 이유 중 하나이다. 도박에 빠진 사람들이 본전을 찾으려다가 그나마 가지고 있는 돈을 모두 잃는 이유도 '매몰 비용의 함정' 때문이다.

직장을 다니고 있는 친구나 지인들은, 자유롭게 전국을 다니며 강의하는 나를 항상 부러워한다. 물론 일정이 자유롭고 좋아하는 일을 하는 점에서 프리랜서는 정말 좋다. 하지만, 그런 특권을 누리기 위해서는 연못 위에 떠 있는 백조처럼, 끊임없이 물장구를 쳐야 한다. 강의가 없는 날은 사람들을 만나거나, 글을 쓰거나, 책을 읽어야 한다. 그것이 프리랜서가 자유롭기 위한 필요조건이다.

나 또한 가끔은 직장 생활을 그리워할 때가 있다. 세월호, 메르스 사건 등으로 내가 강의를 시작한 초기에는 정말 강의 시장이 힘들었다. 물론 지금도 강의 시장이 그리 활성화되어 있다고 할 수는 없지만, 그땐 더더욱 힘들었다. 절실한 마음으로 하던 사업을 접고 강의 시장에 들어섰지만, 불안정한 직업적 특성상 어떤 때는 월급이 꼬박꼬박 나오는 직장에 다시 들어가고 싶은 마음이 일었다.

"조만간 그만두려고. 뭐 할 거 없을까?"

강의 일정이 있어서 겸사겸사 찾아간 전 직장 동료들을 만나면 항상 듣는 이야기이다. 그들이 여전히 건강하게 지내고 있어서 좋기도 했지만, 내가 그 직장을 그만둘 때도 하고 있던 고민을 여전히 하고 있다는 것이 안타까웠다. 길게는 10년, 짧게는 5년이라는 시간 동안, 그들은 같은 고민을 안고 여전히 그 자리에 있었다.

"그럼 지금이라도 빨리 그만두세요."

조금은 자극적으로 얘기해 본다. 그러면 손가락에 닿은 달팽이 촉수처럼 금세 말을 바꾼다.

"지금까지 그래도 잘 버텼는데 인제 와서 그만두자니 아깝기도 해. 막상 뭐 하고 살지도 막막하고."

내가 그때 회사를 그만두지 않았더라면, 나도 어쩌면 여전히 그런 고민을 하고 있었을 것이다. 고민은 실재하지 않는, 내가 상상해서 만들어낸 장애물이라는 것을 알지 못했을 것이다. 늦었다고 생각하는 순간이 결코 늦지 않음을 알지 못했을 것이다.

아니라고 생각하는 데도 2년 넘게 다닌 학교라고, 학과라고 울며 겨자 먹기로 4학년까지 이끌고 가는 것은 오히려 더 긴 시간을 돌아가는 어리석은 선택이다. 사람은 어떻게든 내가 선택한 것을 해결하는 방향으로 살아간다. 그것이 나의 인생이고 삶이기에 그렇다. 그렇지 않으면 살아남을 수 없기에 더없이 자연스러운 일이다.

늦었다고 생각하는 지금은 내 남은 날 중에 가장 빠른 날이다. 아니다 싶은 마음이 지속된다면, 과감하게 유턴해야 한다. 우물쭈물 고집부리고 유턴하지 않으면 더 먼 길을 돌아와야 할지도 모른다. 그깟 2년 때문에 내 남은 삶을 망쳐버리는 선택을 해서는 안 된다.

말하는 직업

"**그런데 왜** 강사가 되려고 하셨어요?"

간경화 판정 이후, 하고 싶은 일을 하겠다며 내가 선택한 직업은 '강사'였다. 사람들 앞에서 말하는 직업이 '강사'만 있는 것은 아니었을 텐데, 내가 강사를 선택한 이유는 무엇이었을까?

"대희야, 요즘 뭐하니?"

분식집을 정리하고, 잠시 쉬고 있을 때였다. 한 보험회사의 매니저로 있는 사촌형한테 전화가 왔다. 쉬고 있으면 사흘 동안 아르바이트해 보지 않겠느냐는 것이었다. 매월 한 명씩 보내야 하는 신입사원 교육에, 그 달에는 펑크가 나서 한 명을 급히 보내야 한다는 것이었다. 하루에 10만 원씩 사흘간, 신입사원 교육을 다녀와 달라는 것이었다. 공부하는 것에 대해 그다지 거부감이 없던 나는, 일당 10만 원짜리 고액 알바를 선뜻 수락했다. 실제로 근무할 것도 아니었기 때문에, 나는 2박 3일간의 교육동안 튀지 않아야겠다는 마음가짐으로 교육에 임했다. 보험회사의 신입사원 교육은 정말 따분했다. 아침 여덟 시부터 시작된 교육은 저녁 아홉 시까지 끊이질 않았다. 계속 되는 따분한 교육에 지쳐갈 때 쯤, 한 외부강사의 강의가 내 지친 뇌를 깨웠다. 어디에서 본 듯한 얼굴에, 또랑또랑한 목소리, 재치 있는 입담의 그 강사는 수백 명의 신입사원을 들었다 낳다 하며 자

손대희의 리얼북톡에 출연한 김효석 교수.
김효석 교수를 만나지 않았다면 강사의 꿈을 꾸지 않았을 것이다.

신의 강의를 이끌어 갔다.

"저는 미구마구 퍼 주는 강사입니다. 오늘 강의 내용도 다 녹음하고 있습니다. 필요하신 분들은 메일만 보내 주시면 모두 보내 드리겠습니다."

분당 4,200만 원을 판매하고, 1년에 혼자 1,360억을 판매한 전설의 쇼호스트 김효석 교수였다. 내가 당장 세일즈를 할 건 아니었지만, 그 강의만큼은 소장하고 싶은 생각에 김효석 교수에게 메일을 보냈다.

김효석 교수는 자신에게 메일을 보낸 모든 사람에게 매주 자신이 읽은 책이나 다큐멘터리에 관한 유익한 내용들을 메일로 보내 주었다. 그리고 그렇게 2년이 지나 내가 '사람들 앞에서 말하는 직업'을 찾고 있을 때, 김효석 교수가 떠올랐던 것이다. 만약 내가 그때 김효석 교수의 강의를 듣지 않았다면 '강사'라는 직업은 잘 알지도, 생각하지도 못했을 것이다.

아는 만큼 보인다.

짬뽕을 먹어 보지 않았으면 비 오는 날 문득 짬뽕이 먹고 싶지 않을 것이다. 내가 아무리 배고파도 까르보나라가 먹고 싶지 않은 것은 까르보나라를 먹어 보지 않았기 때문이다. 먹어 봐야 맛을 알고, 맛을 알아야 먹고 싶은 법이다.

알기 위해 끊임없이 탐색하고 경험해야 한다. 좋아하는 일이 있다고 하지만, 관련된 직업을 얼마나 알고 있는가? 축구를 좋아하면 꼭 축구 선수가 되어야 하는 걸까? 축구 선수가 아니어도 축구를 즐길 수는 없을까?

진로 캠프에서 만난 한 학생은 중학교 때까지 축구 선수였지만, 부상으로 선수를 그만둘 수밖에 없었다고 했다. 어릴 때부터 축구를 했기 때문에 공부도 제대로 하지 못했는데, 축구까지 그만두게 되면서 앞으로 무엇을 하고 살아야 할지 막막하다고 했던 친구다. 지금 그 친구는 작은 인터넷 신문사의 스포츠 전문기자가 되었다. 진로 캠프에서 나의 블로그 강의를 듣고 유럽의 축구리그에 관련된 글을 쓰다가 블로그 기자단으로 발탁이 되었고, 아직은 적은 금액이지만 소정의 원고료를 받는 스포츠 기자가 되었다고 한다.

알게 되면 더 관심을 갖게 되고, 관심을 가지면 집중하게 된다. 그리고 내가 부족한 것을 발견하는 순간, 누가 시키지 않아도 스스로 찾아 공부하게 마련이다.

엄마 발은 진리

누구나 시장통에서 엄마 손을 놓쳐 원치 않은 생이별을 한 적이 한 번씩은 있을 것이다. 나도 세 살이 갓 지났을 때, 어머니와 시장에 장을 보러 갔다가 미아가 된 적이 있다고 한다. 등에는 이제 갓 태어난 여동생을 업고, 양손에는 장을 본 물건들을 가득 들었으니 나는 어머니의 옷자락을 붙잡고 따라가는 게 고작이었다.

"엄마 발만 보고 따라오면 돼."

눈물의 생이별 이후로, 나는 시장통에만 가면 무조건 엄마 발만 뚫어지게 쳐다보며 따라갔다. 정말 신기한 것은, 아무리 사람이 많아도 엄마 발만 보고 따라가면, 그냥 걸어갈 때보다 사람들과도 덜 부딪히고 수월하게 빠져나갈 수 있었다.

강사가 되겠다고 했지만, 막상 어디서부터 시작해야 할지 몰랐다. 강사아카데미에 다니며 강의 스킬을 기르는 것이 당시 내 생각에는 가장 시급한 일이었다. 생전 읽지 않던 책을 읽게 된 것도 이 강사과정의 커리큘럼에 포함되어 있었기 때문이다.

'머뭇거리는 젊음에게^{김승환 저}'

한창 책 읽는 재미에 빠져있을 무렵, 한 책이 내 눈에 띄었다.

'20만 대학생들의 고민을 현장에서 풀어낸 청춘해답서'

제목을 보고 살짝 솔깃했던 나는, 소제목을 보고 탄식의 한숨을 내쉬었다. 새로운 세계에 도전하고 있지만, 여전히 머뭇거리는 나에게 경종을 울려줄 수 있는 책인가 싶었는데, 결국 대학생들을 위한 상담사례집이겠거니 하는 생각 때문이었다. 그러다가 다시 내 눈길을 사로잡는 문구를 발견했다.

'또 다른 성장통을 시작한 20대에게 청년강사가 제시하는 가장 명쾌한 해답'

'청년강사'

내가 지금 가려고 하는 길이 바로 '청년강사'의 길인데, 나보다 먼저 그 길을 간 사람이라면, 지금의 고민을 이해해 줄 것 같았다. 그리고 어쩌면 내가 생각지 못한 방향을 제시해 줄 수도 있겠다는 생각이 들었다. 지금의 내 상황과 고민들을 담아 조심스레 메일을 보냈다.

안녕하세요. 김승환 강사님.
날씨가 갑자기 추워졌는데 감기는 안 걸리셨는지 걱정이 됩니다.
강사님의 책,『머뭇거리는 젊음에게』를 읽고 이렇게 메일을 보냅니다.

저는 강사 준비를 하고 있고요, 이름은 손대희라고 합니다.

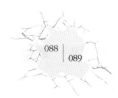

김효석 아카데미에서 강사양성과정을 마치고 코칭과정을 하던 중에 김효석 아카데미 황주원 팀장님으로부터 강사님의 책을 소개받고 읽게 됐습니다.

　　솔직히 20대를 위한 책 같기도 하고, 저는 이미 또래의 친구들에 비해 별로 머뭇거림 없이 이것저것 다 해왔다고 자부했기 때문에 책 제목과 표지가 와 닿지는 않았거든요….

　　그런데 책을 읽으면 읽을수록 강사님을 조금은 알게 되겠더라구요.
　　강사생활을 하시면서 진심으로 학생들을 위하고 변화시키고 싶어 하는 마음, 책 속에 고스란히 묻어 있더라구요.

　　강사 준비를 하는 저의 고민들도 빠짐없이 이야기하고 있고요.

　　좋은 책 써주셔서 감사하다는 말, 꼭 해드리고 싶었어요.
　　앞으로도 좋은 강의 많이 해주시고 머뭇거리는 젊음들에게 변화의 씨앗을 뿌려주는 멋진 강사님이 되시길 기도하겠습니다.

청춘력

강사님의 강의도 듣고 한 번 뵙고 싶기도 한데, 여유가 되신다면 언제 강의하시는지 답장이라도 주시면 강의 들으러 당장 달려가겠습니다. 사실 하던 일도 접고 강사 준비를 하고 있는 터라 바쁠 때만 바쁘지 한가한 날이 더 많거든요. 이러면 안 되겠지만⋯^^;;; 현장에서 강의하는 강사님들을 보고 오면 잠시라도 동기부여가 확실히 되더라구요.

끝으로 좋은 이야기 많이 들려주시려면 건강하셔야 하니까, 감기 조심하시고 특히 목 관리도 잘 하시길 바랄게요.

『머뭇거리는 젊음에게』를 읽고 감명 받은 독자 리얼리스트 손대희로부터 blog.naver.com/dhsonhero

하루 만에 김승환 강사로부터 신촌에서 하는 마지막 출간기념회에 참여해 줄 것을 요청하는 답장을 받았다. 신촌 토즈 비즈니스센터에서 김승환 강사의 강의를 듣고, 카페에서 차 한 잔을 하며 심도 깊은 이야기를 나누었다.

"제가 강의를 하겠다고 이 세계에 들어왔지만, 정말 강의가 하고

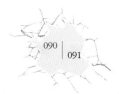

싶은 건지, 아니면 하고 싶어 보이는 건지 잘 모르겠습니다. 실례가 안 된다면, 강사님 강의를 따라다녀도 되겠습니까? 그냥 따라다니기는 너무 죄송스러우니, 운전은 제가 하겠습니다."

"그래요. 나도 혼자 다니는 것보다 함께 할 수 있는 사람이 있으면 좋죠. 다음 주 수요일부터 지방에 강의 일정이 있으니 그 전에 연락할게요. 함께 다녀 봅시다."

흔쾌히 동행할 것을 허락받고 연락을 기다렸다. 그러나 약속한 수요일이 됐는데도 연락은 오지 않았다. '깜빡하신 걸까? 아니면 일부러 연락을 안 하신 건가?' 여러 가지 생각이 교차했다. 목요일이나 되어서 연락이 왔다. 나를 만난 다음 날, 졸음운전으로 버스랑 대형 사고가 나서 병원에 입원해 계신다고 했다. 갈비뼈가 부러지면서 폐를 찔러서 움직이기도 쉽지 않았기에 강의도 모두 취소 중이라고 했다. 왠지 내가 죄를 지은 기분이었다. 사고 지점이 오산 IC근처인데 아직 차에서 짐들도 못 뺐다는 이야기를 듣고 내 차로 짐들을 가져다 드리겠다고 했다.

"대희 씨, 차 있어요?"

첫 만남에 내 이야기를 너무 불쌍하게 했는지, 김승환 강사는 당연히 내가 뚜벅이 신세인 줄 아셨나 보다.

"대희 씨, 나랑 같이 강의여행 다닙시다."

취소하고 있던 강의를 다시 잡고 김승환 강사가 내게 이야기했다. 그리고 그때부터 강의여행을 하며 수십 번의 강의를 함께했다. 1박 이상의 일정이 있는 날은 숙소에서 나의 강의 평가가 있었다. 내가 준비한 강의를 듣고 하나하나 세심한 피드백을 해주는 김승환 강사와의 일정들은 그야말로 설렘 그 자체였다. 가끔은 메인 강의 전, 바람잡이 역할도 해보면서 강의 현장에서 내 심장이 뛰고 있는 것을 제대로 느낄 수 있었다.

"대희 씨는 강의할 수 있는 충분한 능력이 있는 것 같아요. 영글지는 않았지만 대희 씨가 말하는 메시지에는 뭔지 모를 진중한 힘이 실려 있어요. 스킬과 콘텐츠는 조금씩 만들어 가면 되니까 함께 해 봅시다."

강사가 되겠다는 나의 막연했던 다짐에 확신이 담기는 순간이었다. 내가 만약 그때 김승환 강사를 찾아가지 않았다면 지금 과연 강사를 하고 있었을지 모를 일이다. 김승환 강사를 통해 많은 강의 기회도 얻을 수 있었고, 지금까지도 함께할 수 있는 일들을 끊임없이 모색하는 사이가 되었다. 전국 방방곡곡 청춘들의 고민을 듣고, 공감하는 FYC^{Find Your Color} 연구소 모임을 매달 운영하는 것도 그것들 중 하나이다.

어떤 선택 앞에 머뭇거리는 이유는 확신이 없기 때문이다. 만약 누군가가 그 선택이 옳다고, 그대로 가면 된다고 확신을 준다면 방황하지 않고 몰두해서 정진하기만 하면 된다. 그런 확신을 줄 수 있는 사람은 바로 그 선택을 하고 그 길을 가고 있는 사람이다.

혼자서만 생각하고 고민하고 머뭇거리지 말고, 그 길의 끝에 있는 사람을 만나보길 권한다. 프리미어리거가 되고 싶다면 박찬호를 만나야 할지, 박지성을 만나야 할지는 고민할 필요도 없다.

강의를 해도 되겠다는 김승환 강사의 한마디에 확신을 갖고 지금까지 강사의 길을 당당히 가고 있다.

죽어도 내 편

"손대희, 너 퇴근 안 하냐?"

장사를 배워 보겠다고 대학교 졸업과 동시에 홈플러스 축산코너 아르바이트로 근무했었다. 퇴근 시간이 지났는데도 작업장에 남아 있는 나에게 김일용 주임이 이야기한다. 아침 일찍 나와서 오후 3시 까지 근무인데, 4시가 넘었는데도 퇴근할 생각이 없어 보이니 그리 물어볼 만도 하다.

"어차피 일찍 퇴근해 봐야 할 것도 없습니다. 장사라도 하려구요."

청춘력

제때 퇴근한다고 뭐라고 하지도 않지만, 굳이 퇴근하지 않는 직원을 퇴근하라고 밀어붙이지도 않는다.

"약속 없으면 저녁이나 먹고 가라."

무심한 듯 시크하게 말하지만, 바쁜 일손을 돕기 위해 퇴근하지 않고 굳이 남은 내 의도를 이미 파악한 듯싶었다.

"스타크래프트 할 줄 아냐? 한 판 하러 갈까?"

회사에서는 무뚝뚝하고 무서운 고참이지만, 술을 한 잔 마신 김일용 주임은 그저 사람 만나기 좋아하고, 게임 좋아하는, 세 살 많은 형이었다.

"마지막이라 생각하고 술 한 잔 하자."

회사에서 받은 건강검진에서 '간염' 판정이 나왔다. 간염 판정을 받은 사람은 더 이상 식품관련 직종에 근무할 수 없었다. 규정대로

라면 당장 그만두어야 할 상황이었다. 그런데 김일용 주임은 식품 부점장과 점장에게 자신의 자리를 걸고, 3개월의 시간을 얻어냈다. 퇴사를 보류하고 치료에 전념해서 반드시 정상으로 만들겠다는 약속을 했다고 했다. 그리고 그날 서로 마지막이라 생각하고 술을 된통 마셨다. 지금 생각하면 웃을 일이지만, 서로 부둥켜안고 울면서 반드시 치료하자는 다짐을 했다.

한 번 판정 받은 간염은 결코 쉽게 치료되지 않는 병임에도, 나는 정확히 3개월 만에 정상 판정을 받았다. 사무 업무와 판매 업무만으로 일을 한정 짓고, 야근과 회식에서 빼 주는 등 김일용 주임의 노력이 있기에 가능했다.

눈에서 멀어지면 마음에서도 멀어진다고 하지만, 회사를 그만두고 멀리 떨어져 있어도, '언제나 내 편'이라는 생각에는 변함이 없는 소중한 사람이다.

누군가에게 나의 힘든 얘기를 털어 놓을 때는 대개 두 개의 감정이 공존한다. 옳고 그름을 불문하고 그 자체로 이해해 주기를 바라는 마음과, 그럼에도 불구하고 내가 놓치고 있는 무언가를 냉정하게 지적해 주기를 바라는 마음. 하지만 위로나 인정보다는 조언을 듣기가 더 쉬운 게 사실이다.

　가족 구성원 외에 나를 위해 무조건적으로 이해해 주고 항상 응원해 주는 사람을 만나기는 힘들다. 하지만 그런 사람이 곁에 있는 것과 없는 것은 차이가 크다. 핵심을 짚는 조언은 가끔 정신이 번쩍 나게 하지만 상처에 소금을 뿌리는 것처럼 아프기도 하다. 아무리 지압판이 건강에 좋다고 하더라도 평생을 지압판만 걸을 수 없다. 가끔은 뽀송뽀송한 흙길도 걸어야 한다.

　사람의 마음은 농도가 짙어서 어떻게든 전해지게 마련이다. 물리적인 거리가 있더라도 가끔의 안부 전화나 문자만으로도 그 마음은 상당한 부분 전해진다. 바쁘다는 핑계는 말 그대로 핑계다. 세상에서 제일 바쁘다는 미국 대통령도 성추문 사건에 휘말리고, 전쟁통에도 아이는 태어난다. 잠시라도 시간을 내어 '내가 당신을 이만큼 생각하고 있습니다.'라고 표현해 보는 것은 어떨까? 직접적으로 말을 하지 않아도 그 마음은 전해질 것이다. 진심이든 그렇지 않은 것이든 말이다.

번호표부터 뽑아

'띵동'

한참을 앉아 있다가 들린 벨 소리에 내가 번호표도 뽑지 않고 30분 정도를 기다리고 앉아있다는 것을 알아챘다. 나보다 늦게 온 사람이 먼저 업무를 보는 것 같다는 불평을 하면서도 말이다. 먼저 왔다고 늘 먼저 가는 것은 아니다. 최소한 번호표라도 뽑고 앉아 있어야 한 번의 기회라도 온다.

서울대, 연고대를 바라보고 있던 나에게 수능의 악몽 같은 기억은 결코 잊히지 않을 역대급 사건이었다. 더욱이 꿈에서라도 상상조차 하지 않았던 학교에 진학했으니 오죽했을까? 드러나지는 않았지만 학기 초, 나는 굉장히 오만했다. 동기들뿐만 아니라 선배들의 발표를 볼 때마다 한숨을 쉬었다.

'어쩜 발표를 저렇게밖에 못할까?'

'저건 어디서 베낀 걸까?'

고등학교 작문 시간에나 나올 것 같은 리포트들을 보면서 내가 이러려고 대학교를 들어왔나 하는 생각을 할 정도였다. 뻔한 발표를 하는 학생들과 그 뻔한 학생들의 발표에 호응하는 교수님들을 보며 그들의 무대에 함께 있다는 것이 싫었다. 수능시험을 망친 것에 이어진 감정적 연장선이겠지만 그럼에도 나는 굉장히 오만했다.

4학년 1학기가 시작한 지 얼마 안 되는 어느 날, 그렇게 무시했던 그 친구는 국내 굴지의 무역회사에 당당히 입사했다. 4년 내내 교수님의 인정을 받아왔고, 학장 및 총장 추천서까지 받았으니 충분히 그럴 만했다.

성과는 거의 모든 것에 우선하지만, 차곡차곡 쌓아온 과정으로 이룬 성과는 모든 것에 우선한다.

'저 정도는 내가 언제 해도 할 수 있어.'

한때의 능력을 맹신한 오만함으로 나는 그렇게 무시했던 친구에게 보기 좋게 역전당해 버렸다.

"손대희 강사가 부러워."

한 아카데미의 연말 워크숍에서 얼근히 취한 동료 강사가 말했다. 나보다 먼저 강사를 준비했는데 아직 본인은 제대로 된 강의 무대에서 보지 못했다는 것이다. 그날은 강사 대상으로 내 특강도 있었던 날이었기에 더 그런 마음이 들었을지도 모른다. 사실 이런 얘기는 내가 강의를 본격적으로 하기 시작하면서 꾸준히 들어왔던 이야기다.

기준에 따라 다르겠지만, 나는 크게 두 분류로 강사를 구분한다. 지식을 전달하는 강사와 동기를 부여하는 강사. 대부분의 강사 지망생들은 대놓고 이야기하진 않지만 결국 자신만의 스토리로 이야기하는 동기부여 강사를 꿈꾼다. 하지만 동기부여 강의는 자신만의 명확한 성과나 콘텐츠가 있어야 가능한 일이다. 그런 성과나 콘텐츠가 없이 동기부여 강사만을 꿈꾸는 것은 총알도 없이 저격수를 꿈꾸는 것과 다르지 않다.

생각보다 많은 강사 지망생들은 강사를 준비하는 과정에서 멈추어 있다. 심지어 아직 준비가 되지 않았는데 강의 기회만을 먼저 기다리기도 한다. 상당한 학습을 통해 전달할 수 있는 지식을 마련하던지, 나름의 성과를 만들어 공유할 경험을 만들어야 한다. 똑같은 강사 지망생이었던 나는 끊임없이 책을 읽고, 끊임없이 사람을 만나고, 끊임없이 글을 썼다. 그리고 블로그에 대한 지식과 노하우를 갖게 됐고, 개인 브랜드에 대한 성과물을 내기 시작했다. 시작은 같았어도 그다음이 달랐다.

미리 준비했든 그렇지 않았든, 졸업을 앞둔 학생들은 일제히 이력서를 쓴다. 그렇게 시작은 모두 같거나 비슷하다. 몇 년 뒤 그들의 이력서는 어떻게 달라졌을까? 누군가는 졸업 이후의 또 다른 이력들이 차곡차곡 쌓인 반면, 누군가는 졸업할 때의 이력서를 여전히 들고 있다. 시작이 같았어도 결과가 다를 수밖에 없는 이유이다.

로또 1등에 당첨되기를 꿈꾼다면 우선 로또를 사야 한다. 은행 업무를 보려면 우선 번호표를 뽑아야 한다. 같이 들어왔다고 같이 나갈 수 있는 것은 아니다. 시작과 동시에 한 걸음 더 나아가는, 그것이 필요하다.

아리랑보다 쏘가리 전문

"주로 어떤 강의하세요?"

강사 초창기, 명함을 분명 받았음에도 불구하고 나에게 이런 질문을 하는 사람들이 많았다. 그때마다 구구절절 이야기하는 것도, 사람을 만나면 만날수록, 쉬운 일은 아니었다. 초창기이기 때문에 이렇다 할, 제대로 내세울 만한 강의가 없는 것도 있었지만, 명함에 내가 어떤 일을 하는지 명확하게 표현해 놓지 않았던 것이 매번 같은 질문을 받는 가장 큰 이유였다.

'리얼리스트 손대희'

누구나 브랜드가 되는 시대라고 한다. 그래서 브랜드 네임을 만든다고 만든 것이 '리얼리스트'이다. 사전적으로는 '현실주의자'라는 뜻이지만, '실행'과 '실천'을 모토로 도전하자는 의미가 담긴 나만의 브랜드 네임이었다. 나와 특별한 이해관계가 없는 사람들은 꿈보다 해몽이라며 좋은 브랜드 네임이라고 칭찬해 줬다. 하지만 정작 내가 어떤 사람이고, 어떤 일을 할 수 있는지 애매한 명함과 뜬구름 잡는 설명만으로는 파악하기 힘들었을 것이다.

한 번 보는 것만으로도 그 사람이 어떤 일을 하는 사람인지 명확히 파악할 수 있는 것이 가장 좋은 명함이다. 디자인과 그럴듯한 브랜드 네임은 그다음이다.

'쏘가리 전문'

나는 실향민이다. 북한이 고향인 사람은 통일이 되면 고향땅을 밟을 수 있지만, 나는 그럴 수 없다. 1985년 충주댐이 개발되면서 수몰된 지역이 내가 태어난 곳이기 때문이다. 충주댐이 개발되면서 나뿐만 아니라 그 지역의 모든 주민들이 거주지를 옮겨야 했다. 많은 고

향 사람들이 도시로 떠났지만, 남은 사람들은 댐 주변의 높은 지역
으로 터전을 옮기기도 했다.

산과 논밭을 터전으로 살아가던 사람들의 삶이 깊은 강을 터전으
로 살아가는 삶으로 바뀌었다. 논이나 밭에서 농사를 짓던 삶에서
강에서 고기를 잡거나, 잡은 고기로 회나 매운탕 장사를 하는 삶으
로 바뀌었다. 고작 10가구 갓 넘는 동네에 횟집만 다섯 개가 넘었다.
그러다 보니 자연스레 경쟁도 심해졌다.

우리 집도 '아리랑'이라는 이름으로 횟집을 운영했다. 다른 횟집
들에 비해 상대적으로 뒤쪽에 자리 잡고 있던 우리 가게는 앞쪽의
가게들에 비해 손님이 덜했다.

강에서 잡히는 민물고기는 향어, 붕어, 잉어, 쏘가리, 송어 등이 있다.
그중 가장 대중화된 향어는 회나 매운탕용으로 가장 인기가 있었다.
반대로 쏘가리는 민물고기 중 귀한 생선이기에 고가였고, 회보다는
매운탕용으로 인기가 있었다. 그래서 쏘가리 매운탕 손님을 한두 번
받는 날은 횡재하는 기분이었다. 동네에 있던 모든 가게의 메뉴는
크게 다르지 않았다. 기껏해야 반찬 종류나 다를 정도였다.

어느 날, 아버지가 현수막을 하나 맞춰 오셨다.

상호라도 같이 쓰여 있으면 좋으련만, '쏘가리 전문'이라는 다섯 글자만 무심하고 무식하게, 그리고 크게 인쇄되어 있었다. 동네 입구에서 잘 보이도록 옥상에 현수막을 걸었다. 그리고 우리 집은 '쏘가리 전문점'이 되었다.

우리 동네로 들어오는 손님들 중 쏘가리 매운탕 손님들은 모두 우리 집으로 왔다. 상대적으로 저렴한 향어 손님들은 다른 가게로 분산해서 들어갔고, 초고가의 쏘가리 손님들은 굳이 뒤쪽에 숨어있는 우리 집으로 찾아왔다.

인터넷이 지금처럼 발달하지 않았던 20년 전 이야기이지만, 한 번 왔던 손님들이 남긴 인터넷 후기 덕에 우리 가게는 이 지역에 오면 꼭 들러야 할 맛 집이 되어 버렸다. 이후, 다른 가게들이 똑같이 '쏘가리 전문'이라는 문구를 따라 걸어도, 이미 선점해 버린 '쏘가리 전문점'의 입지는 그렇게 쉽게 흔들리지 않았다.

현수막에 '쏘가리 전문'이 아닌 '아리랑 가든'이라 쓰여 있었다면 그런 반전이 있었을까? 흔히들 상호를 알리기 위해 많은 광고와 홍보를 한다. 하지만 그 본질인 상품이 제대로 알려지기만 한다면 '상호'는 자연히 알려지게 마련이다.

최근 방송에서 자주 보이는 더본코리아의 백종원 대표는 방송에서 유명해지기 전, 이미 중저가 요식업계에서는 큰손으로 유명했다. 그가 운영하고 있는 브랜드만 해도 26가지에 이르니 충분히 그럴 만하다. 그중 대표적인 브랜드가 바로 한신포차이다. 하지만 한신포차의 최초 브랜드 네임은 '한신'이었다. 그런데 왜 '한신포차'로 브랜드명을 바꾸게 됐을까?

백 대표는 맨 처음 '한신'이라고 간판을 걸어놓고 장사를 시작했다. 그런데 사람들이 독특한 외관에 관심은 보이면서도 들어오지는 않았다. 후에 안 사실이지만, 독특한 외관과 상호 때문에 고급 식당인 줄 알고 못 들어온 손님이 많았던 것이다. 바로 '한신포차'로 상호를 바꾸어 간판을 내걸자, 언제 그랬냐는 듯 손님이 몰려들기 시작했다. '포차'라는 본질을 알리고 나니 손님들이 찾아왔고, 자연스레 '한신포차'라는 브랜드도 알려지기 시작했다.

"1+1만 크게 써 놓으세요."

한 소상공인 창업특강에서, 오픈 기념 1+1 행사를 하려는데 현수막 문구를 어떻게 만들지 묻는 예비창업자의 질문에 백 대표는 자신 있게 대답했다.

"대부분 사장님들이 상호명을 크게 쓰고, 왜 그 행사를 하는지 구구절절 현수막이나 전단지에 설명하는데, 그러실 필요 없습니다. 행사의 본질인 '1+1'만 크게 써 놓으면 손님들이 알아서 찾아올 것이고, 브랜드가 알려지는 건 그다음입니다."

걱정 마, 걔들도 무서워서 그래

가장 싸우기 힘든 상대는 평정심을 유지하고 별 반응이 없는 상대이다. 욕을 하고 고성을 질러서 반응이 있는 상대는 그 허점이 있게 마련이다.

레드오션이라고 불리는 곳에서도 기회를 찾는 사람들은 그런 허점을 냉철하게 바라보는 눈이 있다. 이른바 틈새시장을 허점 속에서 발견한다.

어느 곳을 가나 정도의 차이만 다를 뿐이지 미묘한 텃세는 존재한다. 단지 먼저 있었다는 이유로 새로 다가오는 이들을 견제하는 것이다. 그래서 그 안으로 들어가는 것을 꺼려하거나 애초에 포기하는 사람들도 많다.

  시골에서 중학교를 다니던 나는 2학년이 되면서 시내라고 하는
곳으로 전학을 했다. 부모님은 집에 와서 공부하는 모습이라고는 보
이지 않던 내가 매번 1등 성적표를 가져오는 것을 불안하게 여겼나
보다. 학교 수업을 제대로 열심히 들었다는 내 말은 제대로 듣지 않
는 것 같았다.

  "이전에 다니던 학교에서 1등을 한 번도 놓친 적이 없대. 궁금한
거 있으면 많이들 물어보도록!"

  처음 보는 친구들에게 전학 온 나를 소개하면서 담임선생님은 쓸
데없는 첨언을 하셨다. 전교생이 60명 정도밖에 안 된다는 말은 쏙
빼고 말이다. 학생들에게 나름 동기부여가 되라고 한 줄 이해는 하
지만, 앞으로 내가 어떻게 처신해야 할지 난감했다.
  걱정대로 친구들은 내게 쉽게 다가오지 않았다. 보충수업 때 어떤
문제집을 쓰는지도 두어 명은 거쳐야 답을 들을 수 있었다. 특히 공
부 좀 한다는 친구들하고는 친해지는 데 거의 한 달은 넘게 걸린 것

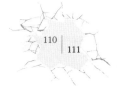

같다. 그나마도 내 '요약노트' 덕분이었다.

　나는 50번이었다. 고로 우리 반 학생들은 50명이었다. 전에 다니던 학교의 전교생과 비슷한 수준이었다. 부모님의 의도대로 나는 마음가짐이 달라졌다. 더 열심히 하지 않으면 뒤떨어지는 건 순식간이란 생각이 들었다. 그래서 더 열심히 수업을 들었고 필기도 열심히 했다. 내가 잘하는 건지, 성격이 그런 건지는 모르겠지만, 나는 정말 꼼꼼히 필기를 잘했다. 시험 기간에는 내가 필기한 요약노트만 보면 될 정도였다.

"노트 좀 빌려줄 수 있어?"

　당최 친구가 될 수 없을 것 같은 녀석이었다. 나보다 공부를 잘하면서도 끊임없이 나를 견제했다. 짝꿍인데도 말이다. 시험 시간도 아닌데 노트를 가리고 필기를 하고, 지우개 하나도 한 번에 빌려주는 일이 없었다. 그러던 녀석이 노트를 빌려달라니 어이가 없었지만, 생각지 못한 상황이 너무나 순식간에 일어난 일이라 빌려주고 말았다. 문방구에 가서 내 노트를 통째로 복사해서 나타난 녀석을 보며 내가 쓸데없는 짓을 했다는 후회를 했지만 상황은 이미 종료

된 다음이었다. 그런데 그다음부터 이 녀석의 태도가 변하기 시작했다. 자기 혼자 몰래 풀던 학습지를 복사해서 주기도 하고, 학원에서 배워왔다는 이상한 공식들을 내게 알려주기도 했다. 금세 제일 친한 친구가 되었다.

"너 처음에 나한테 왜 그랬어?"

전학 초기, 나에게 퉁명스러웠던 친구의 태도에 대해 물었다. 예상했던 대로 담임선생님의 1등 발언 때문이라고 했다. 매달 시험을 보고 나면 칠판 옆에 붙는 전교 순위가 스트레스였는데, 또 경쟁해야 할 적이 나타난 게 싫었다고 했다. 순위가 떨어지지 않을까 하는 위기감 때문에 텃세를 부린 것이다.

친구의 솔직한 얘기 덕분에 나는 큰 힌트를 얻었다. '요약노트'를 전교에 뿌리기 시작했다. 옆 반의 모르는 애라도 빌려달라면 쿨하게 빌려줬다. 자존심을 접고 내게 부탁하는 것만으로도 충분히 빌려줄 만하다고 생각했다. 그렇다고 내 성적이 더 떨어지지는 않았다. 생각보다 빨리 나는 전교에 이름을 알리게 됐고, 누구도 갖지 못한 과목별 과외 선생님을 갖게 됐으니 말이다. 물론 나이는 나랑 같은 선생님들이다.

대학교를 들어가며 부모님과 떨어져 살기 전까지, 우리 집엔 항상 매운 고추 향이 가득했다. 안마당에는 동네 할머니들이 둘러앉아 산 더미처럼 쌓인 마른 고추 꼭지를 따고 있었고, 아버지는 바깥마당에서 여러 곳에서 싣고 온 고추들을 둘러보며 흥정하는 모습이 그때까지 내가 보아 오던 우리 집의 풍경이다.

아버지는 한때 충청도에서 내로라하는 고추장수였다. 가끔 어머니를 통해 아버지의 무용담을 들을 때면 조선시대의 거상 임상옥의 이야기를 듣는 듯했다.

충북 괴산에서 처음 고추장사를 시작한 아버지는 고추 한 자루를 사다가 가격이 오르면 되파는 식으로 조금씩 규모를 늘리다가 하루는 큰 장에 나갔다. 충북 괴산이 전국에서는 고추로는 알아주는 지역이라 괴산에서 열리는 고추시장에는 전국의 장사꾼이 다 모였다.

아버지도 부푼 꿈을 안고 시장에 나갔지만, 생전 처음 보는 애송이 장사꾼에게 돌아오는 것은 가혹한 텃세뿐이었다. 아무리 가격을 높게 쳐 줘도 팔지 않는다는 답변뿐이었다.

아버지는 물러설 수 없었다. 그래서 텃세도 부리지 못할 만큼 높은 가격을 불러, 시장 안에 있는 좋은 고추들을 몽땅 사들였다.당시 거래 방식은 일부 선금만 지불하고, 나머지는 외상으로 장부만 주고받는 식이었기에 당장 가지고 있는 현금이 많지 않아도 이런 식의 거래가 가능했다. 그리고 이른바 희아리라 불리는 저급의 고추들도 대량 사들였다. 그리고 시장의 중앙 터에 모든 고추들을 쏟아붓고 섞기 시작했다.

다들 조금이라도 낮은 가격에 사려고 흥정을 하던 좋은 고추들이 생전 보지 못하던 풋내기 장사꾼에게 몽땅 팔린 데다 저급 고추들과 섞이고 있는 장면을 보고 당황했을 것이다. 그리고 아버지는 고추 가격을 시장에서 가장 높은 가격으로 내놓았다. 사려면 사고 말려면 말라는 식으로. 당연히 아무도 사지 않을 것 같은 상황이었지만 아이러니하게도 아버지는 현장에서 엄청난 이득을 남기며 모든 고추를 다 팔아버렸다.

괴산 지역의 좋은 고추를 사려고 먼 지역에서 온 장사꾼들은 빈 트럭으로 돌아가는 것보다 어떻게라도 고추를 싣고 가는 것이 남는 장사였기 때문에 울며 겨자 먹기로 고추를 살 수밖에 없었던 것이다. 이후, 이 고추시장에서 아버지에게 텃세를 부리거나 한 장사꾼은 없었다고 한다. 아버지의 이 사건 이후, 아버지는 그 지역의 최고의 장사꾼이었던 두혜 아저씨의 눈에 띄고, 그분과 함께 충청도의 최고 고추장사로 이름을 날렸다.

어느 곳에나 그곳에 들어가기 위한 장벽이 존재한다. 그렇다고 무조건 그것을 피할 수도 없는 노릇이다. 장벽을 무너뜨리든지, 같이 장벽의 한 벽돌이 되든지 해야 한다. 그들이 그렇게 벽을 싸고 있는 이유는 자신을 침범할지도 모를 위험에 대한 두려움을 반증하는 것이다. 그 두려움이 장벽, 텃세를 무너뜨리는 가장 중요한 허점이다. 그리고 그 허점이 바로 틈새를 보는 시작이다.

낚싯대를 멘 배달의 기수

부정적인 생각은 더 안 좋은 생각으로 흐른다. 생각지 못한 불행이나 불운으로 자존감이 떨어지면, 똑같은 상황도 이전처럼 제대로 바라보지 못한다. 누군가 곁에서 아무리 이성적으로 바로잡아주려 해도 이미 부정적인 생각의 골에 접어든 마음은 다시 되돌릴 수 없다. 이럴 때는 그런 생각조차 뒤로 미루는 것이 좋다. 잠시 내려놓고 쉬든지, 전혀 상관없는 다른 무언가를 하는 것도 좋다.

"막말로 매출이 미친년 널뛰기하듯 해."

오랜만에 만난 작은아버지의 푸념이 왠지 남의 일 같지 않았다.

나름 군포시에서 알아주는 닭발집을 운영하시지만, 요즘 같은 시국과 경제 상황에 그만큼 흔들리지 않는 식당은 없을 것이다. 일 매출에 일희일비하는 것이 음식장사니, 더 그럴 것이다. 누군가는 이 상황을 애먼 술로 달래기도 한다. 말이 달래는 것이지 대부분의 정신적 컨디션은 육체의 그것과 상당히 밀접한 관련이 있다. 술로 잠깐의 상심을 달랠 수는 있을지 몰라도 그렇게 망가진 육체적 컨디션은 또다시 안 좋은 생각으로 이어진다.

나는 나름 여러 장사를 해 보면서, 새로 장사를 시작하는 사람들에게 웬만하면 분식 장사를 추천하지 않는다. 바쁘기는 엄청 바쁘면서 매출은 그리 많지 않기 때문이다. 기본적인 단가가 낮기 때문이다. 방학엔 방학이라 쉬고, 학기 초는 학기 초라 학생들이 안 나온다. 일희일비하는 음식장사 중 그야말로 최악이라 표현하기도 한다. 외사촌 누나와 매형은 그런 분식 장사를 10년이 넘게 해 오고 있다. 어떻게 지금까지 버틸 수 있었을까?

"나는 배달 그릇 수거하러 갈 때, 수거통과 낚싯대를 가지고 나가."

매형도 매출이 어제만 못한 날은 불안한 마음이 꼬리에 꼬리를 문다고 했다. 이대로 계속 매출이 떨어질 것만 같고, 어제 나간 음식에 문제가 있었던 건 아닌가 걱정되고, 메뉴를 바꿔야 할 것 같은 생각이 계속 마음속을 지배한다고 했다. 그래서 생각해 낸 것이 '낚시'였다.

나름 한가한 시간대에 낚싯대를 들고 근처 저수지에 가서 낚시를 한단다. 낚시를 해 본 사람은 알겠지만, 낚싯대를 드리운 그 시간만큼은 낚싯줄로 일렁이던 파문이 서서히 없어지듯, 온갖 잡다한 생각의 파문들도 서서히 저수지처럼 고요하게 잦아들게 된다. 그게 매형이 지난 시간 동안 버텨 온 힘이었다.

"당장 그만둬야겠어요."

상갓집에서 만난 후배는 오랜만에 말이 통하는 선배를 만났는지 내게 그동안 회사생활에서 불만이었던 과장 얘기를 털어놓았다. 사실 이런 얘기는 그전 직장에 다닐 때에도 들었었다. 회사를 옮기자 그곳에도 비슷한 과장이 있던 모양이다. 울그락불그락하며 당장 내일 그만두겠다는 후배에게 이제 며칠 안 남았으니 올해까지만 하면 어떻겠냐고 말했다. 그래야 실업급여도 받을 수 있다는 현실적인 부분을 언급하면서 말이다. 사실 이 부분 아니었으면 그마저도 설득하지 못했을 것이다.

"더럽고 치사해도 그래야겠네요."

여전히 그 울분은 가라앉지 않았지만, 상사에 대한 안 좋은 마음 때문에 실업급여마저 못 받으면 억울할 것 같았는지 올해까지는 버텨 보겠다고 했다. 후배는 아직도 무사히 그 회사를 다니고 있고, 가끔은 이른바, 회사 부심 발언을 하기도 한다.

생각도 물길과 같아서 계속 물을 흘려보내면 없던 길도 생긴다. 좋은 생각은 좋은 길로, 안 좋은 생각은 안 좋은 길로. 오늘 고민이 있다면, 그래서 너무 힘들다면, 그 고민을 내일로 미루어 보는 건 어떨까?

이대호는 투수다

진로를 한 번에 결정할 수 있다면 얼마나 좋을까? 하지만 서른이든, 마흔이든, 끊임없이 고민과 수정을 반복한다. 인생 100세 시대인 요즘은 나이와 상관이 없다고 해도 무방할 만큼 전 세대에 걸쳐 자신의 진로를 걱정한다.

꿈과 진로는 명확한 목적지가 존재하지 않는다. 오히려 방향이라고 보는 게 더 정확할 것이다. 마치 과학이나 수학에서의 '가설'처럼 말이다.

과학자들이나 수학자들이 어떤 실험을 진행하거나 공식을 증명함에 있어 가장 먼저 세우는 것이 '가설'이다. 그들은 그 가설을 증명하기 위해 여러 가지 실험을 진행한다. 정확한 측정을 위해 변인 이외의 다른 조건들을 같게 하며 번거롭지만, 오랜 시간의 작업들을 해낸다. 운 좋게 한 번에 가설을 증명하는 경우도 있겠지만 이는 매우 드물다. 대부분 실험 중 발견한 오류들을 통해 계속해서 가설들을 수정해 간다. 그리고 그것이 반복되면 반복될수록 가설은 점점 정설에 가까워져 간다.

꿈이나 진로도 마찬가지이다. 한 번에 찾아내기는 쉽지 않다. 계속 부딪치고 경험하면서 나에게 맞는 것들을 찾아나가는 과정이다.

지금 나는 어디에 가서 축구를 하든 거의 대부분 공격수로 뛴다. 하지만 처음부터 공격수였던 것은 아니다.

초등학교 때, 태권도장을 다닌 적이 있었다. 일주일에 한 번씩 축구 시합을 했는데, 모든 원생들이 선수로 뛸 수 있는 것은 아니었다. 기본적으로 축구를 잘하는 친구들은 당연히 경기를 뛰었지만, 그렇지 않은 원생들은 경기 시간 내내 열심히 뛰는 것이 선수로 발탁되는 조건이었다. 나는 숨이 멎기 직전까지 뛰었다. 그만큼 경기에 뛰고 싶어서였다. 결국 선수로 경기에 뛸 수 있게 되었지만 나의 첫 포지션은 골키퍼였다. 경기장에서 공을 몰고 뛰는 것을 꿈꿨지만 그 긴 말 그대로 꿈이었다. 그런데 내가 골키퍼를 탈출한 것은 그리 오래 걸리지 않았다. 나름 열심히 한다고 했지만 순식간에 여러 골을 허용하고 말았다. 사범님은 내 포지션을 수비수로 바꾸었다. 골키퍼 보다는 나았는지 모르겠다. 머지않아 나는 다시 미드필더로 바뀌었다. 수비수 역시 불안했던 모양이다. 체력만큼은 자신 있었기에 그 후로 나는 오랫동안 미드필더로 뛰었다.

"손대희, 너 한번 공격으로 올라가 봐!"

다른 체육관과 친선 시합을 하게 된 어느 날, 사범님이 나를 공격수로 전격 발탁했다. '전격 발탁'이라는 표현도 조금 우스운 게 우리 공격수가 부상당했기 때문에 어쩔 수 없는 선택이었다. 그 날 나는 세 골을 넣었다. 그리고 우리 팀 메인 공격수가 되었다.

내가 처음부터 공격수가 되겠다는 목표를 가지고 축구 경기에 임했다면 골키퍼로 지목되는 순간부터 인고의 시간이었을 것이다. 공격수가 하고 싶은데 골키퍼나 수비수만 시키는 사범님이 원망스러

웠을 것이다. 어쩌면 공격수가 되기 전에 축구에 싫증을 느끼거나 경기장을 뛰쳐나갈 수도 있었을 것이다. '축구'라는 큰 방향을 정하고, 그 안에서 직접 뛰면서 내가 가진 재능도 확인하고, 부족한 점도 확인하면서 포지션을 수정해 나간 것이 지금 붙박이 공격수가 될 수 있었던 이유이다. 지금은 누구도 의심하지 않는 최고의 타자 이대호와 추신수가 한때는 투수였듯이 말이다.

'가설'의 처음은 뜬구름 같지만 수많은 실험을 거쳐 수정된 가설은 정설이 된다. 지금 내가 가진 꿈 역시 뜬구름 같지만, 현실 안에서 끊임없이 실험하면 할수록 현실에 점점 가까워진다. 오류를 발견하고도 가설을 수정하지 않는 치명적 실수를 하지 않는다면 말이다.

열심히 한 건 인정 못 받는다고?

"열심히 하지 말고 잘 해."

억울하지만 맞는 말이다. 결과가 무너진 상태에서 열심히 했다는 말은 자신의 무능을 대변하는 또 하나의 자가당착이다. 열심히는 안 했어도 운 좋게 결과만 좋으면 인정받는 게 보통의 사실이다. 그 과정은 그리 중요하지 않다. 그럼 과연 열심히 한 것이 인정받지 못하는 것을 당연하게 받아들여야 할까? 그것을 인정받는 방법은 없는 것일까?

스펙은 왜 중요한가? 스펙의 어원은 제품의 재원이나 용도를 설명하는 '제품설명서'이다. 즉, 기업이 인재를 뽑기 위해 그 사람의 능력이나 출신 등을 보는 기준이다. 그런데 이런 스펙도 이제는 상향 평준화 되어 변별력을 상실하고 있다. 그래서 기업은 또 다른 기준이 필요했다. 그것이 면접이다.

"출근 중에 길을 헤매는 할머니를 만났습니다. 할머니를 도와주고 가면 지각을 하고, 그렇지 않으면 할머니는 여전히 길을 헤맬 것입니다. 어떻게 하시겠습니까?"

실제 내가 한 대기업 면접 때 받은 질문이다. 기업들은 면접 때 왜 이런 질문을 할까? 다수의 인사담당자에 따르면, 명확한 답을 원하기보다 답을 도출하기 위해 다가가는 과정, 그 질문을 받았을 때의 태도 등, 즉 인성을 보기 위해서라고 한다. 열심히 했건 운이 좋았건 뛰어난 스펙을 갖추고 면접까지 왔음에도 기업은 그 사람의 인성을 이런 식으로라도 파악하고 싶어 한다. 입사지원서와 자기소개서만으로는 제대로 된 파악이 쉽지 않기 때문이다.

'출퇴근 현장 면접', '요리 면접', '등산 면접' 등 다양한 형태의 면접을 진행하는 이유도 마찬가지이다.

"보시다시피 저는 중학교 때부터 가구에 관심이 많아 부족하나마 꾸준히 작은 소품들을 만들어왔습니다."

가구 회사의 면접장에서 한 지원자가 자신이 그동안 만들어왔던 소품들의 포트폴리오를 들고 이야기하고 있다. 면접관들의 손에도 그가 출력해온 포트폴리오가 들려 있다. 전문가가 보기엔 조악한 솜씨지만, 꽤 많은 양의 포트폴리오이다. 그동안 꾸준히 블로그에 업로드했던 포트폴리오라 작품(?)마다 날짜가 기록돼 있다. 이는 어느 한순간 임의로 조작하지 않았다는 것을 증명한다. 비록 결과물이 부족할지라도 이 지원자는 그간의 '열심히 한 과정'을 인정받을 수 있다. 꾸준히 관심을 가지고 있었고 노력을 해왔고, 더디지만 성장하는 과정을 증명할 수 있는 것은 기록을 해왔기 때문이다.

기록은 과정을 증명한다. 그리고 과정은 그 사람의 성장 속도와 방향을 가늠할 수 있게 한다. 지금 이 순간 손에 쥐어진 스펙 서류뭉치보다 과정이 담긴 기록은 그 사람의 더 많은 것을 확인할 수 있게 한다. 서류 안의 스펙을 현장에서 일일이 확인하는 것보다 과정 안에서 부족한 점을 보완하고, 뛰어난 점을 개발하는 것이 더욱 효율적이고 효과적인 투자이다.

내가 바라보는 곳

한 TV프로그램에 가수 김창완과 아이유가 함께 출연했다. 아이유 때문에 보기 시작했지만 결국 나는 의외의 대목에 생각이 꽂혔다. 김창완이 서울대 출신이라는 점, 그리고 생전 처음 듣는 잠사학과 출신이라는 점이 특이하게 다가왔다. 서울대 잠사학과 출신인 김창완이 왜 가수가 됐을까? 서울대라면 누구도 의심하지 않는 우리나라 최고의 대학인데 왜 굳이 서울대까지 가서 가수가 됐을까? 게다가 지금은 낯설지만, 잠사학과는 당시 상당히 경쟁력 있는 학과였다. 의류나 섬유 등의 경공업이 나라의 경제를 이끌던 당시에 잠사학과는 지금의 IT와 견줄 정도였다.

청춘력 |

"입학할 때는 그랬는데, 졸업할 때 되니까 갈 데가 없더라고요."

김창완은 담담하게 이야기했다. 국내 산업 구도가 석유나 화학 중심의 중공업으로 넘어가던 과도기였던 것이다. 입학할 때는 유망한 학과였지만, 졸업 때에는 사양 학과가 되어 버렸단다.

지금 내가 하고 있는 일은 언제까지 유효할까? 순식간에 사양 산업이 되는 것은 아닐까?

90년대 후반, 인터넷이 도입되고, 본격적으로 산업용 인터넷이 확산되면서 세상은 정말 빠르게 변화해 왔다. 엘빈 토플러의 <제3의 혁명>은 이미 현실이 되었고 스마트폰의 개발과 더불어 그 변화에는 어마어마한 가속도가 붙었다. 그리고 전통사회, 근대사회에서 성공한 이들의 스토리는 케케묵은 이야기로 취급받기도 할 만큼 지금 세대들에게는 공감할 수 없는 부분들이 상당하다. 스티브 잡스나 빌 게이츠, 마크 주커버그 등의 이야기가 새로운 성공 스토리로 주목받고 있는 것도 같은 이유이다.

그렇다면 다음 세대의 성공 스토리는 어떤 분야에서 나올 것인가? 우리는 또 누군가의 성공 스토리를 보고 그들의 삶의 방식을 뒤

좇기만 할 것인가? 앞으로는 지금과는 비교도 할 수 없을 만큼 빨리 변할 텐데, 그 속도를 따라갈 수 있을 것인가?

외줄타기를 하거나 평균대 위를 걷기는 생각보다 힘들다. 떨어지지 않으려고 두 발만 바라보다가는 균형을 잡기는커녕 일어서기도 힘들다. 요령은 멀리 바라보는 것이다. 멀리 바라보는 것만으로 몸은 바로 서고, 균형은 자연스레 잡힌다.

세계 문화 전문가 조승연 작가는 한 강연에서 그의 운전 선생님에 대해 이야기했다.

"자동차는 당신의 눈이 바라보는 곳으로 움직입니다."

자동차는 핸들로 운전하기 전에 먼저 갈 곳을 바라보는 것이 중요하다는 것이다. 오토바이를 운전할 때에도 시선을 가고자 하는 곳에 두면 자연스레 몸도 그 방향으로 균형점을 옮기고 그것만으로 오토바이는 방향을 잡는다.

멀리 바라보는 하나의 방법은 변화에 주목하는 것이다. 내가 가고자 하는 방향의 미래를 예측하고 알아봐야 한다. 최근 옥스퍼드 대학교에서는 '20년 내에 없어질 가능성이 높은 직업'이라는 연구 결과를 발표했다. 그리고 매년 UN 등 각종 연구기관에서 발표하는 미래에 대한 연구 결과들도 어렵지 않게 볼 수 있다. 지금 잘 사는 것도 중요하지만, 지금의 시점에서는 가끔씩 지금 내가 가고 있는 길의 저 끝엔 무엇이 있는지 확인하고 예측하는 자세가 필요하다. 그것이 넘어지지 않고 꾸준히 균형을 잡을 수 있는 하나의 방법이다.

멀리 바라보는 또 하나의 방법은 그럼에도 변하지 않는 것을 찾는 것이다.

다리가 부러져 병원에 입원해 있을 때 처음으로 만화책을 쌓아 놓고 읽었다. 문병 온 친구들이 심심할까 봐 빌려주고 간 것이었다. 그때 처음으로 본 만화책이 '고스트 바둑왕'이었다.

천 년 전 최고의 바둑 고수였던 '사이'가 억울하게 죽고 현재의 꼬마 아이 '히카루'의 몸에 들어오면서 이야기가 시작된다. 히카루는 바둑에 대해 전혀 모르지만 자신의 몸에 들어와 있는 사이의 부탁으로 바둑을 두게 된다. 사이가 시키는 대로 바둑돌을 옮겨 놓는 정도지만 현세의 사람들은 히카루의 바둑 실력에 주목하게 된다. 여전히 바둑에는 흥미가 없는 히카루지만, 또래의 '아키라'라는 소년이 바둑에 임하는 마음가짐과 자세를 보고 바둑에 조금씩 흥미를 갖게 되고, 결국 사이의 꼭두각시가 아닌, 자신의 바둑을 두며 성장하는 스토리의 만화이다.

사이는 현대의 모든 것들이 신기하다. 동전을 넣으면 음료수가 나오는 자판기도 신기하고, 작은 상자 안에 사람들이 들어가 있는 TV도 신기하다.

"히카루, 인간이 달에 갈 정도로 세상이 많이 변했는데, 제가 살던 천 년 전이나 지금이나 변하지 않은 것이 있어요."

우산이 그랬다. 우산은 재질 정도만 조금 바뀌었을 뿐, 방식은 천 년 전이나 지금이나 같다. 인간이 달까지 가는 시대인데도 말이다.

변화하는 사회의 모습에 나를 맞추는 것은, 어쩌면 이제는 점점 불가능해질지도 모른다. 그러면 그런 환경 속에서 인간은 어떻게 적응하고, 또 나만의 스토리를 만들어 갈 것인가?

'우산'처럼 변하지 않는 그 무언가가 있지는 않을까?

어떤 사회이건, 모든 기회나 영향력은 도구보다 그것을 이용하는 '사람과 사람의 관계'에서 비롯된다. 전통사회에서도 그렇고, 지금도 그렇다. 결과적으로 완벽하지는 않지만, 모든 사회는 '사람'을 중심으로, '사람'에게 유익한 방향으로, '사람'에 의해, 또 '사람과의 관계'를 통해 돌아가고 있다. 아무리 기계가 인간을 대체한다고 해도 절대 대체하지 못할 그 무엇 역시 '사람'에 있다.

이것이 내가 생각하는 변하지 않는 그 무엇 중 하나이다. 변화를 바라보되, 그 변화의 중심에 있는 변하지 않는 남은 무엇을 발견하는 것은 이제 나뿐 아니라 우리 모두의 과제이다.

감동은 계산하는 것이 아니다

끊임없이 새로운 기술과 특허, 아이디어가 미디어에 소개되고, 사람들은 보다 편리하고 새로운 것에 관심을 가진다. 비즈니스에 있어 혁신적인 콘텐츠는 사람들에게 분명 매력적으로 각인된다. 하지만 최근 몇 년간 이어오고 있는 '인문학 열풍'을 보면, 반드시 제품의 성능이나 혁신성만이 비즈니스의 성공을 보장하는 것이 아님을 알 수 있다.

"나도 그의 고객이고 싶어."

카 마스터 이지용 씨의 자동차 영업은 독특하다. 새로 만나는 고객에게 작은 카탈로그를 하나씩 건넨다. 보통의 세일즈맨이라면 판매하는 자동차의 종류나 가격, 사양 등에 대한 카탈로그를 건넬 것이다. 하지만 이지용 씨가 건네는 것은 제품 카탈로그가 아니다. 그에게 자동차를 구입한 고객들이 하는 사업을 홍보하는 카탈로그이다. 자비로 자신의 고객들을 위한 홍보 영업까지 함께 하고 있는 것이다.

"혹시 가구를 구입하실 일 있으면 이곳을 이용해 주세요. 제 고객인데 이러저러한 이유로 정말 믿을 만합니다."

어차피 자동차를 구입할 거라면, 이지용 씨에게 구입하고 싶지 않을까? 자동차만 팔면 땡이라는 식의 영업 사원들과는 달리, 끊임없이 고객이 잘 되길 바라고, 그것을 실천하는 사람에게 예상치 못한 감동을 느낄 것이다.

쿠폰으로 가게를 인수하겠다고 할 만큼 자주 가던 단골 카페가 문을 닫아, 새로 오픈한 카페에 딱 한 번 간 적이 있다. 특별히 부족하지도 않았지만, 딱히 특별하지도 않은 그저 그런 카페였다. 다시 오리라 생각지도 않았지만 오픈 이벤트로 회원가입을 하면 할인을 해

준다고 하기에 회원가입을 하고 커피를 한 잔 마셨었다. 그러다 언젠가 또 단골 카페가 문을 열지 않았던 날, 그 카페를 우연히 가게 됐다. 적어도 두어 달은 지났던 것 같다.

"손대희 님이시죠?"

결제를 하고 쿠폰에 도장을 찍으려고 쿠폰을 찾고 있는데, 직원은 내 이름까지 기억하며 쿠폰을 냉큼 찾아 주었다. 이상한 전율 같은 것이 느껴졌다. 자주 왔던 것도 아니고, 두어 달 전에 딱 한 번 찾았던 것뿐인데 이름까지 기억해 주다니 믿을 수가 없었다. 한쪽에 자리를 잡고 업무를 보면서 다른 손님들을 대하는 것을 지켜보았다. 100% 모든 고객의 이름을 외우고 있는 것은 아니었지만, 정말 많은 고객의 이름을 외우고 있었고, 사소한 질문 하나하나로 그 고객을 기억할 만한 무언가를 끊임없이 찾고 있는 모습이었다. 물론 고객이 부담스럽지 않은 정도의 친근함으로 말이다. 특별히 커피가 맛있지도, 와이파이가 빵빵하지도 않은 카페지만 지금도 가끔 책 한 권을 들고 그 카페를 찾곤 한다. 굳이 이름을 얘기하지 않아도 내 커피 쿠폰에 도장을 찍어 주는 그 감동을 느끼기 위해서 일 것이다.

마음이 닿으면 원수도 사랑하게 된다.

군 생활 중, 3개월 동안 다른 부대로 파견을 나간 적이 있다. 탄약고의 경계근무를 위한 파견이었는데 우리 소대뿐만 아니라 중대 본부의 다른 소대도 함께 파견을 나와 한 내무실을 썼었다. 그런데 언젠가부터 파견 나오기 전에도 별로 사이가 좋지 않은 정순종 병장과 한 근무조로 편성되기 시작했다. 그는 내가 하는 일에 사사건건 토를 달아 군 생활을 짜증 나게 하는 고참 중 하나였다. 그런데 이상하게도 함께 근무하고부터는 나에게 더할 나위 없이 좋은 형이었다. 이전의 사악한 고참의 모습은 없었다. 한 번은 근무 중에 왜 갑자기 변했냐고 물었다.

"너한테 감동 먹었다."

들어 보니 별 뜻 없던 나의 한 마디가 그에게 감동으로 다가왔단다. 한 번은 근무를 나가고 있는데 누군가 침상에 침낭을 둘둘 감고 누워 자고 있었다. 후임에게 누구냐고 물었더니 정순종 병장이 감기가 걸려서 감기약을 먹고 자고 있다고 했다.

"자고 있어도 밥때 되면 밥 타다 놔. 그리고 애들 왔다 갔다 할 때 시끄럽지 않게 하고. 아플 땐 뭐니 뭐니 해도 밥이랑 잠이 보약이니까."

아무렇지 않게 던지듯 내뱉고 간 그 한마디를 누워있으면서 들었다고 했다. 평소의 안 좋은 감정을 한 번에 씻어낼 만큼 그 한마디가 그에게는 감동이었단다. 그래서 인사병에게 근무조를 나와 함께 하게 해달라고 주문했다고. 그렇게 정순종 병장은 군 생활에서 가장 소중한 인연이 되었고, 제대하자마자 시작한 사업에 나를 비즈니스 파트너로 초대하기도 했다.

사람과의 관계에 있어 이해타산을 따지는 태도를 '주판알을 튕긴다.'고 한다. 비즈니스에 있어 정확한 손익분기점 설정과 수지 타산은 반드시 필요하지만, '관계'에 있어서는 위험하다. 수지 타산 전에 진심이 있어야 한다. 부모가 자식에게 이익과 손해를 헤아리지 않는 이유는 이미 마음으로 연결된 관계이기 때문이다.

감동은 계산하는 것이 아니다. 마음과 마음이 닿아 울리는 것이다.

PART 3

나를
바라보며

10중대 1소대 2분대장

한 국립공원의 A 계장은 추석 전후의 9월만 되면 어김없이 연차와 월차를 붙여 보름가량 휴가를 낸다. 7월과 8월의 극성수기를 지내고 나면, 아무리 20년 차의 베테랑 A 계장이라도 일에 치이고 지치게 마련이다. 휴가 동안 A 계장은 산으로 송이버섯을 따러 간다. 귀할 때는 그 값이 천정부지로 오르는 송이버섯이지만, 그에게는 송이버섯의 가치보다 그것을 찾기 위해 이 산 저 산을 누비는 시간이 더 소중하다.

매일 오르내리는 산과 다르지 않지만, 일 때문에 오르내리는 산과 송이버섯을 따기 위해 오르내리는 산은 그에게 전혀 다른 의미인 것이다.

청춘력

"강사님은 항상 재미있는 강의를 하시는데, 강사님 삶도 그렇게 재미있으신가요?"

국내 최고의 명강사, 김창옥 교수가 가장 많이 듣는 질문 중 하나이다. 재미와 감동이 있는 강의로 유명한 김창옥 교수이기에, 모든 청중들이 항상 재미있는 강의를 기대한다. 하지만 그에게도 고충은 있었다. 아버지의 대장암 판정 소식이나 개인적으로 좋지 않은 일을 겪고 있을 때도 아무렇지 않은 듯 재미있는 강의들을 해내야 하는 역할 때문에, 강의 6년 차 즈음엔 강사로서 최대의 위기가 왔다. 더는 자신의 감정을 파는 강의를 하고 싶지 않은 생각이 들었다. 그리고 은퇴한 노신부의 권유로 프랑스의 수도원에 다녀오게 된다.

"그래, 여기까지 잘 왔다."

2주간 산책과 사색을 통해 그는 그의 안에서 들리는 소리에 귀 기울이게 된다. 그리고 그 2주간의 시간이 다시 그의 일상을 정상으로 되돌려 놓았다.

2008년 겨울, 나는 강원도 인제의 한 부대 면회실에 앉아있었다. 주변의 반대에도 불구하고 취직한 회사에서 누구보다 열심히 해서 최고의 성과를 올리고 있던 시기에, 고향집에 불이 나서 집이 몽땅 타버리는가 하면, 왼손 엄지손가락이 잘리는 사고 때문에 회사를 그만두어야만 했던 힘든 시기였다. 고향 충주로 바로 내려가야 했지만, 이대로 내려갔다가는 마음을 제대로 추스르지 못할 것만 같았다.

"10중대 1소대 2분대장 면회 왔습니다."

2001년 겨울의 주말, 누군가 나를 면회 왔다는 소식에, 부랴부랴 A급 전투복을 갈아입고 면회실로 향했다. 내심 예쁜 아가씨가 면회 왔으면 좋겠다는 바람과는 달리, 덥수룩한 수염의 아저씨가 나를 기다리고 있었다.

10년 전에 10중대 1소대 2분대장이었다고 한다. 지나가다가 갑자기 옛 생각이 나서 들렀다고 했다. 귤 2박스, 치킨 3마리, 피자 3판을 사서 온 그와의 대화는 잘 기억나지 않지만, 왠지 짠한 무언가를 느꼈던 기억이다. 그리고 2008년의 겨울, 나도 그처럼 지금의 2분대장을 찾아왔다.

어깨 위의 녹색 견장만큼이나 당당하고 강단 있어 보이는 눈빛의 청년이었다. 그렇지만 20대의 풋풋함은 그 강인한 눈빛으로 숨길 수 없었다.

"전역하고 무엇을 해야 할지 답이 없습니다."

강단 있는 눈빛과 달리, 전역 이후의 미래를 걱정하는 그에게 어쭙잖은 조언들을 해 주었다. 생각보다 바깥세상이 그리 힘들지만은 않다는 희망적인 이야기도 잊지 않았다. 그리고 이상하게도 그와 만난 이후, 당당히 고향으로 내려갈 용기가 생겼다.

프리랜서로 일하면서 가장 힘들었던 것은 시간 관리이다. 직장 생활을 할 때는 출근 시간과 퇴근 시간이 있고, 점심시간과 휴일이 있었다. 가끔은 내가 굳이 주도적으로 생각하지 않아도 회사의 일정에 따라 규칙적으로 살아가기도 했다. 하지만 프리랜서가 된 후에는 오로지 나 혼자 내 시간을 엄격히 관리해야 했다. 모르는 사람들은 프리랜서의 자유로운 모습에 부러움을 얘기하지만 아이러니하게도 프리랜서는 프리 해지는 순간 바로 반백수가 되고 만다. 일정이 없는 날은 또 다른 일정을 만들기 위해 공부를 하든 사람을 만나든 치열하게 고민하고 또 고민한다. 직장 생활처럼 어느 하루도 나에게 예약된 날은 없기 때문이다. 그래서인가? 내가 곁에서 본 프리랜서들은 항상 바빴다. 장소를 불문하고 노트북을 가지고 다니고, 심지어는 이동하는 중에도 끊임없이 일을 해댔다. 처음에는 그들의 그런 모습이 매우 프로페셔널해 보였다. 직장 생활을 할 때 동경하던 드라마에서나 보던 그런 멋진 프리랜서의 모습이었기 때문이다.

하지만 가까이에서 본 그들의 일상은 그렇게 멋지지만은 않았다. 일부러 티를 내지는 않지만, 하루하루 정말 치열하게 살아내고 있었다. 모처럼 쉬겠다고 마음먹은 날도 무언가를 하지 않으면 안 될 것 같은 불안함으로 제대로 쉬지도 못하는 이들이 많았다.

정도의 차이가 있겠지만 따지고 보면 직장생활을 할 때도 제대로 쉬지 못했던 건 매한가지였다. 기껏해야 일 끝나고 술 한잔할 정도의 여유가 보통이었고 정식으로 주어진 월차나 연차도 쓰려면 눈치를 봐야 했다. 그러니 가족이나 친구들과 이틀 이상의 여행을 가는 것은 1년에 한 번 정도가 고작이었다. 그렇게까지 빡빡하게 살 필요는 없었는데 말이다.

쉼표와 마침표는 엄연히 다르다. 쉬지 않으면 마침표를 찍을 수 없다. 아무리 뛰어난 가수라도 쉼표를 무시하고는 클라이맥스를 제대로 부를 수 없다.

2시간짜리 슈퍼스타 K

노래 부르는 것을 워낙 좋아했고, 잘 부른다는 소리를 꽤 들어왔다. 하지만 가수가 되기에는 이미 늦었다고 생각했고, 가수가 될 만큼 실력이 되지 않는다고 생각했기에 '가수가 되는 것'은 가끔 막연하게 생각하는, 그야말로 '꿈'이었다. 이런 생각이 바뀌게 된 것은 다름 아닌 '슈퍼스타 K' 때문이었다. 슈퍼스타 K는 기획사를 통한 오디션 아닌, 방송을 통한 대국민 오디션이라는 독특한 콘셉트의, 당시로선 획기적인 프로그램이었다. 시즌 1과 2를 거치면서 슈퍼스타 K는 전국의 숨어있는 노래 고수들을 발견해냈다. 촌스러운 외모와 자신감 없어 보이는 태도의 출연자들이 반전의 실력을 보여줄 때는 그야말로 소름 끼치는 감동을 느끼기까지 했다. 노래를 좋아하다

보니, 슈퍼스타 K는 한 주도 놓치지 않고 챙겨보는 유일한 프로그램이 되었다. 그리고 노래 실력이 나보다 부족해 보이는데도 높은 라운드까지 올라가는 참가자들을 보며 용기를 얻은 나는, 기어코 시즌 3에 참가 신청서를 냈다. 전화로 심사하는 1차 예선은 가볍게 통과하고 대전 컨벤션 센터에서 진행되는 2차 예선에 참가했다. 물론, 당시 다니던 직장에는 어렵게 양해를 구한 상태였다.

2차 예선은 대전을 포함한 전국의 7개 대도시에서 진행되었다. 나중에 안 사실이지만, 그날 대전에 2차 예선을 위해 참가한 사람만 1만 명이 넘었다고 한다. 1차 예선에 참가한 전체 인원이 62만 명이라 했으니 2차 예선까지 온 것도 나름 선전한 셈이었다.

오전 아홉 시에 도착해서 줄을 섰다. 참가번호는 미리 받았지만, 오디션은 먼저 온 사람부터 차례대로 진행됐다. 오디션장의 열기는 그야말로 뜨거웠다. 수많은 방송장비들도 여기저기에서 참가자들 인터뷰와 현장 상황을 담느라 정신이 없었다. 마치 놀이공원에서 인기 있는 놀이기구를 타기 위해 기다리는 사람들처럼, 참가자들은 꼬불꼬불한 줄 안에서 자신이 준비한 노래들을 연습했다. 나 역시 그들에게 지지 않으려 내가 준비한 노래를 연습하기 시작했다. 두 시간이나 지났을까? 목에 이상이 오기 시작했다. 나름 고음의 노래를

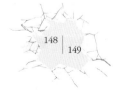

준비해 왔었고, 먼지도 많은 환경에서 무리하게 연습을 해서 목소리가 갈라지기 시작했던 것이다. 두 시간이 넘는데도 줄이 줄어드는 둥 마는 둥이었다. 그리고 그때부터 나에게 고민의 순간이 찾아오기 시작했다.

'과연, 지금 이 목 상태로 오디션을 잘 볼 수 있을까?'
'배가 고픈데, 지금 서 있는 줄을 포기하고 밥을 먹으러 가야 할까?'
'그냥 집에 갈까?'

목에 이상이 오고, 배가 고프기 시작하자 그냥 돌아가고 싶은 생각이 내 머릿속을 지배했다. 그래도 끝까지 버틸 수 있었던 건, 회사에 가수가 되고 싶다고 설득하고 설득해서 하루 휴가를 내고 여기에 왔다는 사실이었다. 내 몫까지 일을 더 하면서 다녀오라고 보내준 동료들과 사장님에게 부끄럽지 않고 싶었다.

"시간이 많이 지체됐으니 클라이맥스 부분만 짧게 불러주세요."

아홉 시간을 기다려 들어온 오디션 부스인데, 심사위원은 냉정하게 이야기했다. 목 상태는 여전히 안 좋은 상태로 40초 정도의 오디션을 보고 집으로 돌아왔다. 그리고 결과는 예상대로 불합격이었다. 그러나 불합격이 결코 아쉽진 않다. 오히려 더 잘 됐다고 생각했다.

슈퍼스타 K에 나가 보고 나서야 가수가 되고 싶은 것이 아니라 노래가 하고 싶은 것임을 알았다.

가수가 되고 싶다고 도전한 오디션이었는데, 불과 두 시간 만에 포기하려는 마음을 가진 스스로에게 굉장히 부끄러웠다. 그리고 깨달았다. 나는 가수를 하고 싶었던 것이 아니라, 노래를 하고 싶었다는 것을. 만약 내가 슈퍼스타 K에 도전하지 않았다면, 지금도 여전히, 그리고 막연하게 가수가 되고 싶다고 생각하고 있었을 것이다.

수능 수리영역 시간, 수학문제를 풀고 있다고 생각해 보자. 운 좋게 문제에 필요한 공식이나 원리를 파악하면 쉽게 풀 수 있지만, 그렇지 않은 경우에는 한숨이 절로 나온다. 그렇다고, 대학을 가기 위해서는 1점이라도 더 얻어야 하는 수능시험에서, 이 문제를 용감하게 포기할 수 있는가?

이럴 때 우리가 선택하는 방법 중 하나가 '대입代入'이다. 5지 선다형의 선택지에 있는 답들을 하나하나 문제에 대입해 가면서 틀린 답을 걸러낸다. 조금 시간이 걸릴지 몰라도 이 역시 정답을 찾아내는 좋은 방법이다.

"하기 쉬운 일부터 빨리해 보세요."

하고 싶은 일이 너무 많아서 무엇부터 해야 할지 모르겠다는 대학생들에게 내가 가장 많이 해 주는 이야기다. 막상 해 보지 않으면 그것이 진짜 '하고 싶은 일'인지 '하고 싶어 보이는 일'인지 알 수가 없기 때문이다. 입고 싶어서 산 옷인데 막상 사놓고 한 번도 입지 않는 옷들이 있게 마련이다.

"하고 싶은 게 뭔지 모르겠으면 지금 당장 할 수 있는 일부터 해 보세요."

하고 싶은 게 너무 많은 학생만큼 하고 싶은 일이 뭔지 모르는 학생도 많다. 결국, 그들은 원초적인 질문에서 막혀 진로와 취업을 걱정하고 있었던 것이다. 할 수 있는 것이 비록 '하고 싶은 일'이 아닐지라도 하고 싶은 일을 찾을 수 있는 마중물 역할을 한다.

'어쩌다 보니'

성공한 사람들의 입에서 의외로 많이 듣는 단어가 바로 '어쩌다 보니'이다. 지금의 일을 하게 될 줄 몰랐는데 '어쩌다 보니' 하게 됐다는 그들의 말은 결코 성공한 이의 으스대는 그것이 아니다. 이는 '이전에 하는 일이 지금과 연결될 줄 몰랐지만, 그것을 꾸준히 하다 보니'를 전제로 한 말이다. 그러니 하고 싶은 것이 뭔지 모르겠다면 그 끝을 명확히 알지 못하더라도 지금 할 수 있는 일을 먼저 해보는 것이 중요하다.

아름다움 뒤의 굳은살

2013년 8월 내 고향 충주에서 세계 조정 선수권 대회가 열렸다. 이를 앞두고 MBC 무한도전에서 '조정'을 콘셉트로 장기 프로젝트를 진행한 적이 있다. 무한도전팀이 촬영을 위해 충주에 온다는 말에 충주 촌놈이었던 나는 조정경기장으로 향했다. 그리고 그때 처음으로 조정 경기를 자세히 보게 되었다.

한 명의 타수舵手와 8명의 조수漕手로 이루어진 '에이트Eight'는 그야말로 조정 중에서도 가장 박진감 넘치는 종목이었다.

배가 나아가는 방향으로 물살을 힘차게 밀어내야만 전진하는 모습이 당연할지도 모르지만, 오히려 아이러니하다는 느낌을 받았다. 배가 앞으로 나아가는 데에 가장 큰 장애물이자 저항인 물살이, 오히려 배를 원하는 방향으로 제대로 나아가게 하는 가장 큰 원동력이라는 사실을 깨달았기 때문이다.

"배가 물살과 같은 방향으로 나아가더라도 절대 노를 놓으면 안 됩니다."

일반인 체험행사로 레이스 보트에 오르자, 안전교육 담당자가 이야기했다. 오히려 제 방향의 물살을 타고 갈 때, 노를 더욱 단단히 잡고 제 방향으로 이끌어야 한다고 했다.

'왜 나에게만 이런 일이 생길까?'

간경화로 쓰러졌을 때, 어리석게도 나는 그렇게 한탄했었다. 다른 사람들은 멀쩡히 잘 사는 것 같은데 왜 나에게만 이런 시련이 닥칠까 하는 생각으로 길지 않은 삶이 허무하게 느껴지기도 했다. 그러나 지금 와서 생각하면 그런 시련이 나를 더욱 단단하게 만들어 주었다. 웬만한 시련쯤은 웃으며 넘길 수 있을 정도로 '인생의 맷집'이 생겼다.

이런 맷집이 쌓이고 쌓여 연륜이라는 것이 되나 보다. 처음은 힘들지만, 두 번째는 감당하게 되고, 세 번째는 준비하게 되는 것. 그것이 바로 어른이 되어 가는 것이 아닌가 싶다. 한없이 약해 보이는 노인에게서 왠지 모를 여유가 느껴지는 이유인가 보다.

동아리방 구석에 처박혀 있던 기타를 보고, 멋진 교회 오빠 코스프레라도 하고 싶은 마음에 혼자 기타 공부를 한 적이 있다. 라면 받침대로나 쓰면 좋을 듯한 악보를 보고, 악보에 쓰인 코드들을 따라 잡으며 혼자 연습했다. 기타 줄은 손가락으로 강하고 정확하게 짚어야만 맑은 소리가 난다. 어설프게 짚어서는 정말 듣기 싫은 탁음이 났다. 한 달 정도 연습했을까? 엄지를 제외한 내 왼손 손가락 끝은 전부 피멍이 들어 있었다. 그리고 한 달이 지나자 그 피멍이 또 벗겨져 다시 피멍이 들었다. 그리고 그 피멍이 아물 때쯤 되어서야 손가락 끝에 굳은살이 박였다.

아름다운 음악을 연주하는 기타리스트들의 화려한 퍼포먼스를 보면 마냥 멋있고 부럽다. 하지만 이제는 알고 있다. 그 아름다운 연주를 위해 그들의 왼손 손가락 끝에 얼마나 단단한 굳은살이 박여있을지를.

메르스도 무섭지 않아

"손대희 강사님이시죠? 일죽 도서관인데 스피치 강의 지금도 하시나요?"

2015년 대한민국을 강타한 메르스 때문에 반백수처럼 집에서 글만 쓰고 있을 때였다. 그나마도 있던 강의들이 모두 취소되고 정말 오랜만에 들어온 강의 요청이었다. 스피치 강의를 반려하기 시작한 지 벌써 1년이 지났는데도 어떻게 알고 강의 요청이 들어왔는지 궁금했다.

"안성 태산 도서관에서 스피치 강의하신 적 있으시죠? 학부모님들과 사서님이 정말 좋았다고 추천해 주셔서 전화드렸어요."

3년 전, 강의를 하겠다고 강사 시장에 뛰어들어 강사과정을 들은 적이 있다. 이 강사과정을 수료하면 금방이라도 강의를 할 수 있을 것 같았던 마음과는 달리, 이름도 없고 경력도 없는 초짜 강사를 불러주는 곳이 있을 리 만무했다. 그래도 10주간의 강사과정에서 배운 내용으로 내가 얼마나 해낼 수 있을지 궁금했다.

그러던 중, 동네 도서관에서 초등학생들을 대상으로 한 여러 체험 과정들을 홍보하는 유인물을 보게 됐다. 도서관 사서님께 스피치 과정을 개설하고자 제안을 드렸더니, 가장 필요했던 과정이었다고 흔쾌히 스피치 과정을 개설해 홍보까지 일사천리로 진행해 주었다.

동네도서관에 먼저 요청해서 하게 된 첫 스피치 강의 현수막이 걸려있다.

그 강의가 내 이름으로 선 첫 강의 무대였다. 그리고 처음으로 내 이름이 현수막에 단독으로 걸린 의미 있는 순간이었다.

4주간의 스피치 강의는 성공적이었다. 매주 친구 손을 잡고 오는 학생들이 늘어났고 열 명 남짓으로 시작한 수강생들이 4주 후에는 30명 가까이 늘어났을 정도이니 말이다.

중등과정과 성인과정을 추가로 개설하고자 하는 사서님의 제안이 있었지만, SNS와 블로그를 통해 스피치 과정을 강의하는 모습과 내용을 올렸던 4주 동안 다른 곳에서 이미 들어온 강의 일정으로 추가적인 스피치 과정은 반려할 수밖에 없었다.

"손대희 강사처럼만 블로그 할 수 있게 알려주면 돼."

책을 읽고, 사람들을 만나고, 강의하고, 공부하는 내용을 블로그에 올리다 보니 내 강의의 절반 이상이 블로그를 통해 들어오고 있었다. 함께 강사과정을 듣고, 공부하던 강사들에게는 거침없이 앞으로 나아가는 내 모습이 좋아 보였었나 보다.

나처럼 블로그를 운영하고 싶어 하는 강사들이 늘어났다. 블로그 마케팅의 '마' 자도 모르는 나였다. 아무리 원하는 강사들이 많아도 이렇게 블로그 강의를 하는 것이 맞는지 계속 의문이었다. 내 고민을 멈추게 한 것은 나의 결심이 아니라 계속되는 강사들의 요청이었다. 그렇게 '손대희처럼 블로그 하기'라는 콘셉트의 첫 블로그 강의가 시작됐다. 그리고 그것이 지금은 손대희의 다른 정체성이자, 세월호나 메르스 사태에도 흔들리지 않는 강력한 경제적 기반이 되었다.

작고 작은 성과들이 모이자, 동기부여 강사로서의 새로운 콘텐츠가 만들어지기 시작했다. 존경하는 멘토에게도 블로그 강의를 하게 되었고 그 강의 경력들이 새로운 스펙이 되어 다른 강의나 컨설팅에 연결되는 선순환의 시스템이 만들어졌다. 그리고 레드오션이라는 강사 시장에서 나만의 콘텐츠로 조금씩 강의 영역을 넓혀가게 되었다.

"무대가 없다면 무대를 직접 만들어 보세요."
기회가 없다고 불평만 하지 않았다. 내가 가지고 있는 것을 다른 사람과 공유할 기회를 스스로 만들었다. 그것이 비록 아직 제대로 영글어 무르익지 않았더라도 필요한 곳이 있다면 기꺼이 공유할 수 있는 무대를 만들었다. 그것이 지금껏 대학 강의와 기업 강의를 할 수 있도록, 정기적으로 블로그 강의와 컨설팅을 할 수 있도록, 또 새로운 콘텐츠로 더 성장할 수 있도록 하는 가장 큰 원동력이 되었다.

그 작은 무대의 섬과 점들이 연결되어 손대희만의 새로운 큰 선을 만들어가고 있었다. 그리고 점과 점 사이의 응집력은 시간이 가면 갈수록 더욱 끈끈하고 단단하게 새로운 점들을 끌어당기고 있다.

낯선 나

"**대희 형**이 내성적이라고요? 대희 형이요?"

사촌 형이 하는 사업에 사람이 급히 필요하다고 해서 아는 동생을 소개해 준 적이 있다. 하루는 일을 마치고 둘이 당구를 한 게임 치면서 자연스럽게 내 얘기가 나왔다고 한다. 우리 가족이나 친척들은 내 성격이 굉장히 내성적인 줄 알고 있다. 사실 그랬다. 나는 내가 하고 싶은 것을 제대로 얘기도 못 하는 조용하고 소심한 성격의 아들이고, 조카였다. 당연히 그런 성격의 나를 생각하고 있던 사촌 형이 지금의 내 성격에 관한 이야기를 듣고 놀라지 않을 수 없었을 것이다.

찢어진 스피커 때문에 수능에서 제 점수를 받지 못한 나는, 원하지 않던 대학에서의 학과생활이 재미없었다. 그러던 중 만난 것이 '야간학교'라는 동아리였다. 배움의 시기를 놓친 청소년들이나 연세 많은 어르신에게 대학생들이 중·고등학교 교육과정을 가르쳐주는 봉사 단체였다. 학교생활의 부족함을 달래기 위해서였을까? 나는 야학에 그야말로 미쳐있었다. 학교 수업이 끝나면 곰팡이 냄새나는 지하에 위치한 야학이 뭐가 좋다고 제일 먼저 가서 청소를 하고, 먼저 도착한 학생들과 이야기를 나누곤 했다. 수업이 끝나도 밤늦게까지, 정확히는 새벽까지 야학 교사들과 '야학의 미래'라는 그럴듯한 주제를 가지고 술자리를 하곤 했다. 1년의 교사 임기를 다 채우고도 1년을 더 했다. 그리고 군대에 갔다. 군대에서도 휴가를 나올 때마다 어김없이 야학에 들러 후배들과 학생들을 만날 정도로 완전히 야학에 빠져있었다.

전역 후에도 야학에 대한 열정은 식지 않았다. 다시 복학하기 전까지 틈만 나면 야학에 놀러 갔다. 그런데 아무리 내가 휴가 때마다 야학에 놀러 갔다 하더라도, 후배들에게 고리타분한 예비역 선배는 여전히 어려웠나 보다. 의무적인 첫인사 정도 빼고는 더 이상의 대화가 진행되지 않았다. 결국은 내가 먼저 말을 걸기 시작했다. 처음 보는 신입 교사에게도 먼저 말을 걸고, 되지도 않는 예비역 농담들을 던지며 분위기를 좋게 만들려고 노력했다. 새 학기가 되면 다시 야학 교사로 들어오기 위한 사전 작업이었다. 온몸의 털끝이 쭈뼛쭈뼛 설 정도로 어색한 것들이었지만, 다시 야학을 하기 위해서 내성적인 나를 버리기 시작했다. 그리고 그 노력이 제대로 빛을 발했는지, 어느새 나는 내성적이란 말이 절대 어울리지 않을 정도로 야학 안에서 주도적이고 적극적인 교사가 되어있었다.

다시 야학에 돌아오기 위해서는 기존 교사들과의 어색함을 떨쳐버려야 한다는 나만의 이유와 상황이 내성적이었던 손대희를 적극적이고 주도적인 손대희로 바꾸어 놓았다. 나 스스로도 내 안에 이런 모습이 있었나 싶을 정도로 충격이었다.

"대희 형 덕분에 회사생활이 얼마나 재미있었는지 몰라요."

상황에 따라 적극적이고 외향적일 수 있다는 사실을 알고 난 후의 내 삶은 조금씩 달라지기 시작했다. 이전 같으면 소심하게 고민하다가 포기하고 말 일도 조금씩 적극적으로 도전하기 시작했다. 심지어 직장에서 만난 동료들은 내가 원래부터 적극적이고 외향적이라 생각할 만큼 새로운 나의 모습은 그 범위를 넓혀갔다. 회사 동호회 전체를 통합해서 운영하는가 하면, 연말마다 있는 장기자랑도 나의 주도하에 진행되었다. 소심했을 때의 소극적인 손대희라면 절대 해내지 못했을 결과들이다.

대학교 1학년 때, 여느 대학생들과 마찬가지로 용돈이 많이 부족했다. 그땐 당시 유행했던 삼겹살 뷔페가 고마웠다. 냉동 수입 삼겹살이었지만 단돈 4,000원으로 삼겹살을 마음껏 먹을 수 있었기에 우리 대학생들에게 그야말로 최고의 인기였다.

그러다가 대학교 4학년 때, 장사를 배워보겠다고 할인점 축산 코너에 아르바이트로 들어갔다. 비록 아르바이트였지만, 그때부터 국내에 유통되는 모든 고기는 다 먹어본 것 같다. 그래서였는지, 아직 대학생이었던 친구들과 함께 다시 가 본 고기뷔페에서 나는 고기를 한 점도 못 먹었다. 국내산 생고기의 맛을 알아버린 나에게, 냉동 수입 삼겹살은 마치 타이어를 씹는 듯 질기게 느껴졌다.

집안이 조금 부유하다고 먹는 것 가지고 투정 부리는 사람들이 꼴

불견이라 생각했던 나는, 그 순간 내 모습이 부끄러워졌다. 그런데도 어쩔 수 없었다. 정말 입에 댈 수 없을 정도로 내 입맛은 바뀌어 있었다.

사람뿐만 아니라 지구 상에 있는 모든 존재는 환경에 영향을 받는다. 새로운 환경에 따라 그에 맞는 존재로 거듭 태어난다. 70세의 할머니가 손자가 깔린 마차를 들어 올린다거나, 100미터를 20초에 달리는 남자가 불난 레스토랑에서 10초대에 달려 나오는 일은 결코 초능력으로 치부될 문제가 아니다. 사람들은 지금까지 살아온 환경과 경험을 통해 나를 판단하지만, 그것은 '나'의 전부가 아니다. 또 다른 환경과 경험을 통해 낯선 '나'를 발견할 수 있다.

대개의 선택은 내가 살아온 환경과 경험, 가치관 안에서 이루어진다. 때문에 내가 경험해 보지 못했거나, 알지 못하는 상황에서의 선택은 예측하기도, 결정하기도 힘들다. 그래서 더더욱 새로운 경험과 새로운 사람을 만나는 것이 필요하다. 내가 생각하는 나의 한계는 실제와는 달리, 내가 살아온 환경과 경험에 의한 편견일 가능성이 크다. 그리고 그 편견을 깨기 위해서는 어색하더라도 낯선 환경에 나를 던져야 한다. 기회는 낯선 곳에 있다.

인사고과 우대권

좋아하는 일이나 취미생활을, 지금 하고 있는 일에 치여 포기하고 사는 사람들이 상당히 많다. 하지만 포기가 아닌 관심을 갖는 것만으로도 충분히 현실 안에서 긍정적인 효과를 가져오기도 한다. 그리고 그 관심은 예상치 못한 방향으로 내 삶을 이끌기도 한다.

나는 축구를 굉장히 좋아했고, 지금도 좋아한다. 지방에서 근무하다가 정직원이 되면서 북 수원 홈플러스로 발령이 났을 때, 내가 가장 먼저 알아 본 것은 축구 동호회의 유무였다. 다행히 축구 동호회가 있었다. 하지만 동호회 회원이 턱없이 모자라 운영할 비용이 부족한 상태였다. 나는 동호회 총무를 하겠다고 자처하고 나섰다. 동호회를 활성화시켜야 내가 좋아하는 축구를 마음껏 할 수 있기 때문이었다. 새로 발령 난 곳에서의 내 업무만으로도 할 일은 많았지만, 축구 동호회 활성화에 대한 나의 집념은 상당했다.

끈질긴 홍보에도 불구하고, 회원들 모집은 쉽지 않았다. 그런데 그런 상황은 비단 축구 동호회만 겪는 것은 아니었다. 다른 동호회들도 인원 부족으로 제대로 활동을 못하는 것은 마찬가지였다. 그래서 처음에는 다른 동호회와 연합해서, 한 주는 야구를 하고, 또 한 주는 농구를 하고, 그리고 또 한 주는 축구를 하는 식의 회원 품앗이 형식으로 동호회를 운영했다. 그리고 결국은 이 모든 활동을 축구 동호회에서 주최하기 시작했다. 축구 동호회 배 축구 대회, 당구 대회, 농구 대회, 게임대회, 등산 대회, 볼링 대회 등등. 급기야는 북수원 홈플러스의 거의 전 직원이 축구 동호회에 가입하기에 이르렀다.

홈플러스의 경우는 직원 한 명이 동호회에 가입하면, 개인 월급에서 만 원씩이 동호회 활동비로 차감되고, 그 한 명당 회사에서 2만 원씩 동호회 활동비가 지원된다. 결국, 한 명당 월 3만 원씩 동호회 활동 비용으로 마련되는 것이다. 그래서 회원과 비용이 모자라 운영이 안 되던 동호회가 이제는 그 규모가 너무 커져서 문제가 될 상황에 이르렀다. 그래서 수원 전 지역 홈플러스 축구 대회까지 열기도 했다.

"손대희, 넌 무조건 인사고과 B^{Best}야!"

수원 전 지역 축구대회를 마치고 공식적인 뒤풀이 자리에서 점장님이 선포했다. 그리고 나는 한 번도 최고의 인사고과를 놓쳐 본 적이 없다.

조직 생활에서 일을 잘하는 것보다 더 중요한 것은 '잘 어울리는 것'이다. 일에 대한 성과뿐만 아니라 그 조직에 임하는 태도만으로도 충분히 인정받을 수 있다. 인정받으면 더 인정받고 싶은 것이 사람의 욕심이다. 나는 주변의 인정과 격려를 밑거름으로 일에서도 두드러진 성과를 내기 시작했고, 이는 선순환의 시스템이 되어 신바람 나는 조직생활을 할 수 있었다.

꿈과 현실은 양자택일의 선택지가 아니다. 꿈을 선택하면 현실을 포기해야 하고, 현실을 선택하면 꿈을 포기해야 하는 문제가 아니란 이야기다. 오히려 꿈과 현실은 양쪽 다리와 같다. 하나를 포기한 깨금발로는 앞으로 나아가는 데 한계가 있게 마련이다. 한 발 한 발 서로를 지탱해 주며 나아가는 걸음이, 지치지 않고 꾸준히 나아갈 수 있는 가장 안정적인 방법이다.

중심은 흔들리지 않지

『성공하는 남자의 디테일』이라는 책을 읽고, 헤드헌팅 전문
업체 제니휴먼리소스의 김소진 대표를 찾아간 일이 있었다. 교과서
외에는 책이라는걸, 사는 건 둘째 치고, 읽어 보지도 않던 내가 책을
읽고 저자를 찾아간다는 건 그야말로 대사건이라 해도 과언이 아닐
만큼 큰 변화였다. 책에서 느낀 저자의 생각과 실제로 만나서 들은
저자의 생각은 적지 않은 차이가 있었다. 그 간극을 알게 된 어느 순
간부터 책만 읽으면 저자들을 찾아다니기 시작했다. 그리고 그날의
느낌과 소회를 블로그에 기록하기 시작했다.

"안녕하세요. 블로그 보고 연락드렸는데요. 혹시 김소진 대표님

을 만나려면 어떻게 해야 하나요?"

보통 저자들이나 CEO들이 책을 내면, 전국을 돌며 저자 강연회를 하게 마련이다. 그리고 그 강연을 들은 수많은 청중들 중 일부는 다시 한 번 저자를 만나고 싶어 인터넷에 저자의 이름과 책 제목을 검색한다. 그 검색 값에 내 블로그의 글이 1순위로 검색되었던 모양이다. 생각보다 많은 사람들이 나에게 김소진 대표를 만나는 방법에 대해 문의해 왔다.

"대희 씨가 우리 모임에 데리고 오시면 되겠네요."

얼떨결에 성남디^{성공하는 남자의 디테일} 모임을 주도적으로 이끄는 역할을 맡게 되었다. 누가 시키지는 않았지만, 나는 모든 모임들을 블로그에 기록했고, 성남디에 대한 모든 기록은 내 블로그에서 확인이 가능했다.

이제 갓 책을 읽기 시작한, 강사 지망생에 불과한 내가 성남디라는 모임의 중심에 서게 된 것이다. 존경하는 사람과 함께 하는 모임의 주체적인 역할이 된다는 것은 상당한 동기부여가 되었다. 더욱더 모임을 열심히 참여하고 운영하게 되었고, 결국 그 안에서 많은 기회들을 얻게 되었다.

"대희 씨가 우리 회사 블로그 마케팅 좀 맡아줘요."

내 블로그를 보고 성남디 모임에 참여한 한촌 설렁탕 강희석 대표_{당시}는 마케팅의 '마'자도 모르는 나에게 선뜻 블로그 마케팅을 맡아 달라고 했다.

"내가 대희 씨 블로그 보고 여기 오게 되었잖아요? 우리 회사 블로그도 대희 씨 블로그처럼만 운영할 수 있게 해 주면 돼요."

그렇게 블로그 마케팅의 세계에 발을 들여놓게 되었다. 이후 강희석 대표는 새로 맡은 한스 갤러리라는 레스토랑의 마케팅도 내게 맡겼고, 그런 인연으로 손대희만의 블로그 마케팅 경력이 쌓이게 되었다.

성남디 모임이 나에게 직접적으로 소득을 가져다 주진 않았지만, 나 스스로 그 중심에 서서 자발적으로 움직이는 순간부터, 수익으로

까지 이어진 것이다.

알리바바와 카카오톡의 성공 요인을 단 하나 꼽으라면, 두말할 것 없이, 둘 다 '무료 플랫폼'이라는 사실이다. 알리바바는 소비자와 기업 간의 거래 수수료를 무료로 제공함으로써 알리바바와 타오바오에 모든 비즈니스와 사람이 모이게 만들었다.

"카카오톡 때문에 스마트폰으로 바꿨어."

스마트폰이 생소한 시기에, 대개의 사람들이 기존 휴대폰에서 스마트폰으로 바꾼 이유는 바로 '무제한 무료 문자메시지'의 카카오톡 때문이었다.

'도대체 카카오톡은 어떻게 돈을 버는 거지?'

카카오톡을 사용하면서 누구나 한 번은 생각해 봤을 것이다. 그 당시만 해도 카카오톡의 수익모델은 없었다. 아니, 없어 보였다. 그러나 이제는 누구도 카카오톡의 수익모델이 없다고 생각하지 않는다.

과감한 무료 정책으로 사람과 비즈니스가 모이는 플랫폼이 되자, 자연스레 수익 모델이 생기게 된 것이다.

원료를 가공해 제품을 생산해서 수익을 창출하는 기본적인 경제원리만으로는 지금의 시대에서 살아남는 데에 한계가 있다. 지금 투자하고 있는 비용과 시간을 보상할 경제적 이익이 바로 발생하지 않는다고 전망이 없는 사업이란 생각 역시, 이제 구시대적 사고방식이다.

카카오나 알리바바 등 지금의 신생 거대 기업들은 자신의 서비스를 무료로 개방함으로써 공유의 가치를 실현시켰다. 자연스레 사람과 비즈니스가 모이는 플랫폼이 되었고 그제야 광고와 투자로 수익을 창출하고 있다. 즉각적인 보상에 집중하지 말고, 가치 공유를 통해 새로운 기회를 만드는 데 집중해야 한다.

고수의 생각

“넌 이제 250은 놔야겠어.”

나와 거의 당구를 비슷한 시기에 시작한 친구가 당구 큐를 내려놓으며 투덜거린다. 내가 특별히 당구를 더 많이 친 것도 아닌데, 이제는 당구 실력이 상당히 차이가 난다. 키, 몸무게 등의 신체조건이나 운동 센스도 둘이 정말 비슷해서 웬만한 운동은 둘이 함께 하면 용호상박의 경기가 되어 매우 박진감 넘치는 경우가 대부분이었다. 그런데 왜 유독 당구만큼은 이 친구와 실력 차이가 날까?

“우리 팀에서는 내가 제일 잘 쳐.”

소주잔을 비우며 친구가 이야기했다. 술내기 당구에 져서 그런지 유독 인상을 찌푸리며 소주를 넘기고 있었다. 우리 팀에서는 내가 당구 최약체였다. 그래서 항상 나보다 고수들하고만 당구를 쳤다.

"하수하고 치니까 통 안 맞네."

팀의 선임들이 했던 이야기가 떠올랐다. 그러고 보니 언젠가부터 함께 치는 선임들이 선택하는 방식으로 칠 공을 선택하고 있었다. 나는 생각 못 하는 방식으로 게임을 진행하는 고수들을 보며, '아~ 저런 식으로도 공을 맞힐 수 있구나.'하고 생각하고, 내가 칠 때에도 하나둘씩 고수의 방식을 적용해 왔다. 그리고 그것이 반복되면서 나도 모르게 고수들의 게임 진행 방식을 내 것으로 만들며 실력이 늘었던 것이다.

반면, 친구는 하수들하고만 치다 보니 더 새로운 길을 볼 수 없었다. 심지어는 하수들에게 '나 이만큼 잘 친다.'라는 것을 보여주기 위해 무리한 시도를 하다가 이도 저도 아닌 애매한 실력이 되어가고 있었던 것이다.

홍콩 화교계의 최고 갑부인 이가성 회장은 30여 년간 그의 차를 몰다가 마침내 떠날 때가 된 운전수의 노고를 위로하고 노년을 편하게 보내게 하기 위해, 200만 위엔^{한화 3억 6천만 원}의 수표를 건넸다.

"저도 2,000만 위엔 정도는 모아 놨습니다."
운전수는 필요 없다고 사양하며 말했다.
그러자 이가성 회장은 기이하게 여겨 물었다.

"월급이 5, 6천 위엔^{한화 약 100만 원}밖에 안 되었는데, 어떻게 그런 거액의 돈을 저축해 놓았지?"

"제가 차를 몰 때, 회장님이 뒷자리에서 전화하는 것을 듣고, 땅을 사실 때마다 저도 조금씩 사 놓았고요. 주식을 살 때, 저도 따라서 약간씩 구입해 놓아 지금 자산이 2,000만 위엔^{한화 약 36억 원} 이상에 이르고 있어요."

파리의 뒤를 쫓으면 변소 주위를 돌아다닐 것이고, 꿀벌의 뒤를 쫓으면 꽃밭을 함께 노닐게 될 것이다,

별 없는 슈퍼마리오

강사가 되겠다고 마음을 먹고 했던 내 모든 경험은 크든 작든 어떤 성과를 냈다. 돈이 되는 성과를 만들어 냈거나, 그에 준한 기회를 만나기도 했다. 인디언들이 기우제를 지내면 비가 오듯, 내가 도전을 하면 항상 기회가 왔다. 기회가 올 때까지 멈추지 않았기 때문이다.

시작이 반이라고 하지만, 시작만큼 중요한 것이 마무리, 곧 성과를 만들어 내는 것이다. 생각보다 그 시간이 지루하고 힘들지만 그 끝은 언제든 기회나 성과와 맞닿아 있다.

목소리는 나의 콤플렉스 중 하나였다. 만성 비염으로 앵앵거리는 소리가 났고, 발음 역시 강사로서는 역부족이었다. 틈틈이 발성 연습과 리딩 연습을 했다. 한창 블로그에 어떤 콘텐츠라도 올리고 싶던 때라 기왕이면 이것들도 콘텐츠로 만들어 보면 어떨까 하는 생각을 했다.

그렇게 '책 읽는 남자'가 탄생했다. 어차피 읽는 책들, 어차피 하는 보컬 트레이닝을 합쳤다. 책을 읽고 단순히 블로그에 올리던 책 리뷰를 목소리로 녹음해서 유튜브와 블로그에 올리기 시작했다. 읽는 책이 차곡차곡 쌓일수록, '책 읽는 남자'의 콘텐츠도 차곡차곡 쌓였다.

"책 읽는 남자의 콘텐츠를 출판마케팅 항목에 포함시키고 싶은데요?"

한 출판 관련 대표에게 연락이 왔다. '책 읽는 남자'라는 콘셉트로 꾸준히 올리고 있는 콘텐츠가 신규 저자들의 마케팅에 큰 도움이 될 것 같다는 것이다. 그렇게 '책 읽는 남자'가 한 출판사의 저자 마케팅 콘텐츠로 결정됐다. 저자들은 책을 홍보할 수 있는 새로운 콘텐츠가 생겨 좋고, 나는 내 이름과 목소리로 더 많은 사람들을 만날 수 있어 좋은 기회였다. 만약 이런 기회가 아니었다면 나는 스스로 만족하는 어느 순간까지 계속 '책 읽는 남자'를 진행했을 것이다. 그리고 언젠가 또 어떤 기회를 만났을 것이다. 하지만 그전에 그것을 멈춘다면 그런 기회나 성과는 없을 것이다.

작은 성과들은 모여서 또 하나의 기회를 만든다. '책 읽는 남자', '손대희의 리얼북톡', '손대희식 블로그 강의', '매일 글쓰기' 등의 작은 성과들은 지금의 동기부여 강사, 온라인 마케터, 작가 손대희를 만들어 내고 있다.

버섯을 먹으면 커지고, 별을 먹으면 무적이 되는 슈퍼마리오 게임에 빼놓을 수 없는 것이 바로 '동전'이다. 단순히 한 판을 깨겠다고 동전들을 무시하고 달리기만 한다면 재미도 없을뿐더러 보람 또한 없을 것이다. 당장 하나하나가 사소하다고 생각할지라도 차곡차곡 동전을 모으다 보면 보너스도 얻게 되고, '띠링'하는 동전 먹는 소리에 짜릿한 쾌감을 느끼며 재미있게 게임을 할 수 있게 된다.

"코이 마켓이죠? 지금도 축양장 주문할 수 있나요?"
"맛짱국짱이죠? 여기 ○ ○공업사인데 육개장 2개 배달되나요?"

지금도 심심치 않게 내 휴대전화로 오는 연락이다. 아쉽게도 이 장사와 사업은 지금은 하고 있지 않다. 그만두게 된 데에는 다른 이유도 있긴 하지만, 당시의 매출이 생각보다 저조했기 때문이기도 했다. 그만두지 않고 지금까지 버티고 있었다면, 지금쯤이면 어느 정도 자리를 잡지 않았을까 하는 생각이 든다. 실제로 소상공인들의 대부분은 끝까지 버틴 가게만이 모든 것을 누린다. 고객들은 특별한 이벤트가 아닌 이상 즉각적으로 반응하지 않기 때문이다. 힘든 일이긴 하지만, 가장 완전한 불변의 성공 전략이 바로 '버티기'이다.

고등학교 후문에서 분식집을 할 때, 나의 경쟁상대는 바로 옆 건물에 먼저 입점해 있던 분식집이었다. 눈에 확연히 보이지는 않지만 두 가게의 신경전은 그야말로 전쟁 이상이었다. 그래서 정문에 있는 분식집들에 비해 후문에 있는 두 가게의 매출이 월등히 나았다. 정문에 허름하게 있던 김밥집은 우리 두 가게 때문에 그나마도 있던 학생 손님들이 거의 끊길 위기였다. 어머니의 건강이 안 좋아져서 분식집을 그만두고 몇 년 만에 학교 근처를 지나가다가 신기한 광경을 목격했다. 정문의 그 허름한 분식집에 학생들이 바글바글한 것이었다. 학교에 다닐 때에도, 내가 분식집을 할 때에도 못 보던 광경이었다. 차를 몰고 후문 쪽으로 가 봤다. 내가 하던 분식집 옆에 있던 경쟁 분식집이 없어지고 미용실이 들어와 있었다. 생각해보니 지금 학교 근처에 분식집이라고는 정문의 그 허름한 분식집 하나였다. 묵묵히 그 자리를 지키고 버텨 온 그 김밥집이 이제는 이 학교 1,200명의 학생들의 간식을 독점하고 있었다.

고객들의 기억에 어떤 브랜드가 한 번에 각인되는 것은 쉽지 않은 일이다. 콩나물시루의 콩나물이 물을 거의 다 흘려버리지만, 시나브로 자라듯, 고객에게도 브랜드는 서서히 인식된다. 새로운 브랜드들이 나타나면 고객들은 그것들을 이리저리 시험해 보며 본인의 입맛에 맞는 브랜드를 찾아나간다. 그리고 그 기간은 생각보다 길다. 그리고 명확하지도 않다. 다만, 언젠가는 좋은 브랜드든, 그렇지 않은 브랜드든 고객에게 인지가 되어 버린다. 그때까지 버티느냐 버티지 못하느냐가 자리를 잡느냐 못 잡느냐를 가늠할 수 있는 가장 확실한 기준이다.

팀을 구성해 프로젝트를 진행하든, 사업을 하든 문제점은 발견되고 갈등은 시작된다. 전혀 예상치 못한 방향으로 일이 진행될 수도

182
183

있다. 그래서 중간에 프로젝트에서 슬쩍 빠지는 사람이 생기고, 사업에서 투자금을 빼는 사람이 생긴다.

　확실한 상황 판단으로 빠른 결정을 내렸다고 볼 수도 있지만, 너무 빠른 판단은 컴퓨터의 캐시 파일처럼 데이터라고 하기 애매한 형태로 용량만 차지할 수 있다. 그럼에도 문제를 극복하는 방향으로 고민하고 버텨낸 자만이 그 프로젝트의, 그 사업의 결과물을 온전히 제 것으로 가져간다.

면접에 떨어지는 이유

"강의안은 준비되었으니, 와서 강의만 하시면 돼요."

대학교 취업진로 강의 시장에 의외로 젊은 남자 강사가 부족한 이유로, 강의를 시작한 첫해에 대학교 취업진로캠프의 강의가 많이 들어왔다. 그런데 나의 이야기를 중심으로 한 동기부여 특강이 아닌, 다른 강의 요청도 들어오곤 했다. 당시에는 최대한 강의 무대에 많이 서 보는 게 중요하다 생각했기 때문에 강의안이 제공되는 강의라도 고마운 마음으로 무대에 섰다. 그리고 그때 이후로 다시는 그런 강의를 하지 않는다. 나 스스로도 실천하고 있지 않는 것을 학생들에게 강의한다는 게 위선처럼 느껴졌다. 스스로가 당당하지 않으니,

청중에게는 어떻게 들렸을까. 지금 생각해도 소름 끼치고 미안한 마음이다.

비록 강의 의뢰 횟수가 줄어들더라도 나에게 당당하지 않은 강의는 하지 않기로 했다. 나는 철저히 내가 경험하고 느낀 것만 가지고 강의한다. 책이나 다른 강의에 나온 좋은 구절도 거의 인용하지 않는다.

"강사님 강의에는 진정성이 실려 있어요."

외모나 언변이 뛰어나지 않아도, 내 강의에 좋은 피드백을 주는 청중들에게 물어보면 하나같이 해 주는 이야기이다. 진정성이 있을 수밖에 없는 이유는 그것이 사실이기 때문이다. 내가 직접 경험한 사실이기 때문에, 특별한 강의 스킬을 사용하지 않아도 그 자체로 힘이 실린다.

"여러분이 면접에 떨어지는 이유는, 거짓말을 하기 때문입니다."

자신의 경험을 제대로 이야기하는 지원자와 그럴듯한 원고를 달달 외워서 이야기하는 지원자는 엄연한 차이가 있다. 자신이 실제로 경험한 내용을 이야기하는 지원자는 비록 말을 더듬거나, 발음이 꼬인다 할지라도 끝까지 자신의 이야기를 해낸다. 하지만 똑같은 입사지원서를 회사 이름만 바꿔서 그 회사의 인재상에 맞춰 짜깁기한 지원자들은 아무리 얘기를 번드르르하게 잘 하더라도 이야기가 겉도는 것을 숨길 수 없다. 심지어 어느 순간, 달달 외운 내용을 잊기도 한다. 진짜 자신의 이야기라면 더듬거리며 말할지언정 잊지는 않을 것이다.

친구의 후배라고 만난 두 친구는 어린 나이에 비해 조금 거들먹거리는 구석이 있었다. 당연히 첫인상은 썩 좋지 않았다. 지금 하는 일을 시작한 지 이제 갓 1년 정도 되었다면서 마치 10년은 근무한 사람처럼 모든 일을 다 아는 것 마냥 이야기했기 때문이다. 하지만 얘기를 끝까지 들어보니 충분히 그럴 만하다고 인정하지 않을 수 없었다.

평택 미군 기지 안의 공사를 맡아 들어온 업체의 신입직원인 이 둘은, 결론부터 말해 지금 그 현장의 최고 짬밥의 직원이다. 그들이

1년간 이 현장에서만 모신 현장 소장이 무려 세 명이고, 그 아래 직원들을 따지면 셀 수도 없다고 한다. 이런저런 이유로 현장 소장 및 직원들이 그만두면서, 이 현장의 처음부터 지금까지의 모든 공정들을 직접 경험한 이들은 이 둘밖에 없는 것이다. 이들은 신입직원임에도 불구하고 이제 현장에서는 현장 소장만큼 영향력 있는 직원이 되어버렸다. 그리고 그들의 그 경험을 사람들은 '노하우'라고 부른다.

"이봐, 해 보기나 해 봤어?"

현대그룹의 창업주인 故 정주영 회장의 이 말이 강력한 동기부여가 되는 이유는 바로 그가 직접 해 봤기 때문이다. 아무리 좋은 제품이라 하더라도 직접 써 본 사람이 추천해 주는 것과 "~카더라"는 전달력에 분명한 차이가 있다. 스펙을 이기는 유일한 방법은 현장에서의 경험이다.

엄마, 나 왜 축구 안 시켰어?

"엄마, 나 왜 축구 안 시켰어?"

문득 그런 생각이 들었다. 나는 축구를 굉장히 좋아했고 지금도 좋아한다. 축구를 하다가 사지四肢가 모두 부러졌었다. 오른쪽 발목은 뼈와 인대가 모두 부러지고 끊어져서 철심까지 박는 수술을 두 번이나 했다. 그런데도 깁스 한 다리로 축구를 할 정도로 축구를 좋아했다. 물론 그만큼 축구도 잘 하는 편이어서 고향에서 지역대표로 도대회에 출전하기도 했다. 이만하면 부모님이 축구를 시켜줄 만도 했을 텐데 왜 축구를 안 시켰는지 어머니께 물어봤다.

"네가 축구하고 싶단 말을 한 적 없어."

　엄청난 무언가를 발견한 것 같은 마음으로 물어본 질문에 비해 한없이 허무하고 또 허무한 답이었다. 내가 축구하고 싶다는 말을 하지 않았다니. 생각해 보니 그랬다. 집안 형편 상, 축구를 시켜줄 수 없을 것이라고 나 스스로 판단했었다. 그러니 얘기할 필요도 없었다.

"네가 축구하고 싶다고 했으면 시켰지, 왜 안 시켰겠어?"

　부족한 형편에도 우리 뒷바라지에 최선을 다했던 부모님이었다. 지금 와 생각해 보니, 하고 싶다는 것이 있었으면 충분히 지원해 줬을 부모님이었다. 결국, 내가 아무 말도 하지 않아서 일어나지 않은 일이었다.

　오리온 초코파이 CF처럼 말하지 않아도 알 수 있으면 얼마나 좋겠는가만은 실상은 말하지 않아서 모르는 것이 대부분이다. 심지어 돈 관계에 있어서도 빨리 달라고 닦달하는 이가 우선순위를 차지한다. '알아서 주겠지.' 하고 기다리는 이들은 바보같이 가장 늦게 받는다.

말하는 것과 그렇지 않은 것은 생각보다 큰 차이를 가져온다.

"저는 힘든 청소년들의 꿈을 찾아주고 고민을 들어주는 청소년 진로 컨설턴트가 되고 싶어요. 강사님처럼 멋진 멘토가 되고 싶습니다."

어느 날, 한 대학생이 페이스북 메시지를 보내왔다. 평소 블로그나 SNS를 통해 내가 활동하는 모습을 지켜보다가 친구를 신청하고 수락 감사 메시지와 함께 보내온 것이다. 한 번도 본 적 없는 친구지만 자신의 꿈을 당당히 밝히고 포부를 밝히는 모습이 대견스럽게 느껴졌다.

"손대희 강사님은 대학 강의 많이 나가시니 열정적이고 멋진 대학생들 좀 추천해 주세요."

한 교육업체 담당자에게 연락이 왔다. 방학을 맞아 중학생 진로캠프를 진행하는데, 사흘 동안 행사를 도와줄 대학생들을 추천해 달라는 것이다. 일당도 10만 원이라 대학생들에게는 서로 하고 싶어 할 정도의 꿀알바였다. 총 6명을 추천했는데, 모임을 통해 평소 꾸준히

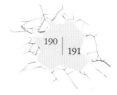

만나는 대학생 5명과 페이스북 메시지로 자신의 포부를 밝혀온 그 학생을 추천했다. 결과적으로 그 친구는 대학생임에도 그 업체와 파트너십으로 함께 교육 업무를 진행하고 있다. 다시 말하지만, 나는 아직도 그 친구를 직접 만난 적이 없다. 페이스북 친구가 된 이후로 페이스북에서만 간간이 소식을 접할 뿐이다. 만약 나에게 페이스북 친구 신청을 하지 않았다면, 그리고 자신이 하고 싶은 포부를 밝히지 않았다면 한 번도 보지 못한 이 친구를 내가 추천했을 리는 만무하고, 그 업체와 파트너십으로 일하게 되는 일은 꿈도 꾸지 못했을 것이다.

어머니 회갑을 맞아 여동생 가족과 제주도 여행을 간 적이 있다. 2박 3일의 마지막 일정은 환상의 섬, 우도 여행이었다. 성산항에서 우도로 들어가기 위해 배를 탔다. 배는 아직 출발 전인데도 여행객들의 과자를 받아먹기 위해 갈매기들이 배 주위로 날아들었다. 이제 막 걸음마를 뗀 조카도 생애 처음으로 갈매기에게 과자를 주는 이벤트를 만끽하고 있었다. 그런데 가만히 지켜보니 갈매기도 세 종류로 구분됐다. 여행객이 던지는 과자를 예리하게 노려보며 타이밍에 맞게 날아와 낚아채는 갈매기, 다른 갈매기들 따라 날아오르기는 하지만 막상 제대로 과자를 못 받아먹는 갈매기, 그럼에도 불구하고 바다 위에 앉아 제 앞에 떨어지는 과자를 주워 먹는 갈매기.

　여행객들은 어떤 갈매기에게 과자를 던지고 싶을까? 기왕이면 적극적으로 과자를 받아먹는 갈매기에 던져주고 싶지 않을까? 똑같은 환경과 조건에서는 그것을 받아들이고 표현하는 태도가 전혀 다른 결과를 만들어 낸다.

시키지 않아도 하는 공부

"결혼하더니 얼굴 보기도 힘드네. 시간 내서 한 번 놀러 와."

전 직장 선배에게 전화가 왔다. 선배는 물류 입고 부서의 반장이었는데, 어느 날 갑자기 사표를 내고 회사 근처에 당구장을 차렸다. 가끔 당구를 치긴 했어도 그 정도로 당구를 좋아하는 줄은 몰랐다. 내가 축구 동호회 총무를 맡았을 때, 축구 동호회 배 당구 대회를 연 것도 선배의 당구장이었다. 벌써 8년이 넘었다. 여러 장사와 사업을 하며 나도 당구장에 대해 생각해 본 적이 있다. 아무리 생각해도 수지 타산이 안 맞았다. 웬만해선 현상 유지조차 어려운 것이 당구장이다. 그런 당구장을 8년 넘게, 심지어 확장까지 해서 운영하고 있는 선배가 대단해 보였다.

열심히 글을 쓰다 더 이상은 진도가 나가지 않을 것 같아 잠시 책을 읽고 있는데 마치 기다렸다는 듯이 온 전화였다. 선배 얼굴도 볼 겸, 오랜만에 좋아하던 당구도 한 게임 칠 요량으로 바로 당구장으로 향했다.

보통 당구장에 가면 카운터 바로 앞 당구대는 사장과 단골손님들이 전용으로 사용한다. 정해진 것은 아니지만 나름 당구깨나 친다는 사람들이 이 당구대에서 승부를 펼치곤 한다. 아니나 다를까 선배는 연세가 지긋한 손님과 승부를 겨루고 있었다. 소파에 앉아 경기를 구경하는 아저씨도 있었고, 저기 멀리서 초등학생이나 할 법한 오락기에 앉아 열을 올리고 있는 사람도 있었다.

"학창시절에 지금처럼만 공부했으면, 우병우랑 같이 놀았을 텐데…."

선배가 혼잣말을 하나 싶었다. 점수판 뒤에 가려 미처 보지 못했던 한 아저씨가 자리에 앉아 무슨 책을 보고 있었다.

'3쿠션 시스템 실전 당구'

　머리도 희끗희끗해서 나이가 꽤 들어 보이는 분이었는데, 그 후에
도 당구가 2게임이나 끝날 때까지 자리를 뜨지 않고 그 당구 책을 보
고 있었다. 아마 절실히도 당구를 잘 치고 싶었나 보다.

　우리는 어떤 상황이 되면 누가 시키지도 않았는데 알아서 공부를
하게 된다. 당구를 좋아하고 잘 치고 싶은 마음이 스스로 책을 찾아
공부하게 만들듯, 축구를 좋아하고 잘 하고 싶은 마음이 생기면 축
구 드리블 동영상을 보든, 축구 경기를 보든, 또는 잘하는 사람을 찾
아가든 더 배우기 위해 스스로를 움직이게 만든다. 그리고 그때의
집중력과 습득 속도는 누가 억지로 시켰을 때와는 차원이 다르다.

　부끄럽게도 고등학교를 졸업할 때까지 나는 경상도와 전라도의
위치를 항상 헷갈려 했다. 충청도에서 갇히다시피 살았던 터라 직접
가보지 않은 전라도, 경상도는 사회과 부도 에나 있는 상상의 지역
이었다. 그래서 헷갈리는 거라 그렇게 위로하고 살았다. 지금 생각
하면 헷갈릴 이유가 전혀 없는데 말이다. 내가 더 이상 경상도와 전

라도의 위치를 헷갈리지 않게 된 것은 야간학교 교사가 되고 나서이다.

첫 학기 때, 나는 국사와 한국지리를 맡게 됐다. 담당 과목은 내가 맡겠다 해서 맡은 게 아니라, 경상계열의 학과라는 이유로 그냥 배정된 것이었다. 나보다 나이가 많은 학생들에게 우리가 배울 때보다 쉽게 가르쳐 줘야 했다. 그래서 학과 공부보다 더 열심히 수업을 준비했다. 학생들이 내가 열심히 준비한 수업을 잘 이해할 때 엄청난 희열을 느꼈다. 평소 그냥 스쳐 지나갈 뉴스도 수업과 관련된 것이라면 멈춰 서 경청하곤 했다. 신문도 챙겨보고 역사 소설도 읽게 되었다.

야학 교사를 하는 4년 동안 나는 국사, 한국지리뿐만 아니라 세계지리, 사회문화, 국어, 수학, 정치 경제 등의 수업도 진행했다. 단순 암기로만 알고 있던 이론들을 제대로 이해하고 분석까지 할 수 있을 정도로 진짜 공부를 하게 됐다. 덕분에 군대에서도 정훈의 날 이벤트로 진행한 골든벨 대회에서 우승을 하는 행운, 아니 영예도 얻게 되었다.

필요하면 찾게 된다. 그리고 어떤 상황을 만나야 필요한지 그렇지 않은지 알 수 있다. 그렇게 만난 '필요'를 외면하지만 않으면 누가 시키지 않아도 더 효율적이고 효과적으로 공부하게 된다. 그녀에게 호감을 얻고 싶은 '필요'가 생기면, 그녀를 더욱 관찰하고 공부하게 되듯이 말이다.

내가 지금 하고 있는 공부가 잘 되지 않는다면 어쩌면 그것을 절실히 '필요'로 하지 않을 수도 있다. 내가 왜 그것을 '필요'로 하는지를 먼저 찾는 것이 더 효과적이고 효율적이고, 즐겁게 공부할 수 있는 동기를 만들어 준다.

좋은 사람들과 함께 하는 일

"손댐, 우리 같이 뉴스레터 만들어 볼래요?"

그녀는 나를 '손댐'이라 불렀다. '손대희 선생님'이라고 부르는 게 귀찮아서였다. 파격적인 줄임말을 사용한 선구적 인물이다. 한 프로젝트에 서포터로 참여했다가 알게 된 그녀는 자신이 전부터 개인 브랜드 뉴스레터를 만들어왔는데 올해부터는 팀으로 진행해 보려 한다고 했다. 솔직히 뉴스레터에 대한 것도 모르고 개인 브랜드는 더더욱 모르지만 잠깐 일해 본 것만으로도 그녀와 함께 하면 뭐든 재미있게 할 것 같아 수락했다. 함께 하게 된 다른 멤버들도 이미 한 번 이상은 합을 맞춰 본 적이 있어서 일 자체보다 사람들을 보고 함께

하게 됐다.

　'뉴스레터 특공대'의 탄생이었다. 우리는 매주 이미 나름의 개인 브랜드를 완성한 사람, 또 만들어 가고 있는 사람들을 인터뷰하거나 그들의 글을 수집하고, 관련된 책을 소개하는 콘텐츠를 만들어 발행했다. 이 프로젝트가 나에게 어떤 결과를 가져올지는 가늠조차 하지 못하고 그냥 같이 하는 사람들이 좋아 꾸준히 진행했다.

　그녀는 이 분야에서 5년 넘게 콘텐츠를 만들어 확산시키는 데에 출중한 능력을 가지고 있었다. 데드라인을 정하고 일하기를 좋아했고, 그것을 넘기는 것은 스스로 인정 못하는 깐깐한 스타일이었다. 진작 그 성정을 알았더라면 선뜻 함께 하겠다고 하지 않았을지도 모르겠다. 일을 하지 않을 때의 그녀는 그냥 그 또래의 똑같은 청년이라는 점이 우리를 버티게 하는 힘이었다.

　한 멤버는 일본어 능력자였다. 우리가 만든 콘텐츠를 일본어로 번역해서 일본어판 뉴스레터를 발행했다. 또 워낙 꼼꼼해서 우리가 놓치는 사소한 것들을 잘 챙겼다. 또 한 멤버는 가정주부이지만 책을 정말 좋아해서 우리에게 필요할 만한 책들을 끊임없이 추천해 주곤 했다. 게임 디자이너와 인생 라이프 코치를 준비하는 대학생까지 우리 멤버들은 각자의 역할을 잘 만들어 갔다. 그때까지도 난 이 프로젝트가 과연 나에게 어떤 의미가 있는지 상상도 할 수 없었다. 아니 생각도 안 했다. 좋아하는 이들과 무언가를 한다는 것만으로도 만족했다.

좋아하는 사람들과 함께 뭉치자 일이 점점 커져갔다. 맥주 한 잔 마시며 나눈 이야기를 발전시켜 결국은 '뉴즈'라는 이름의 개인 브랜드 미디어로 온라인에 런칭까지 시키게 됐다. 많은 사람들이 우리의 콘텐츠에 주목했고, 우리의 다이나믹한 활동에 동참하고 싶어 하는 사람들이 늘어갔다.

어느새, 나는 포토샵과 영상쯤은 볼 만할 정도로 만들어 내는 스킬을 가지게 되었고, 데드라인을 정해 성과를 만들어내는 그녀의 일하는 방식을 시나브로 익히게 되었다. 그리고 그것들은 지금 내가 온라인 마케터로서, 동기부여 강사로서 콘텐츠를 만들어내는 데 가장 중요한 무기가 되었다.

하기 싫은 일도 좋은 사람들과 함께라면 할 수 있다. 그 일의 결과가 어떻게 되느냐에 초점을 맞추는 것이 아니라, 그들과 '함께'라는데에 초점을 맞추기 때문이다. 그리고 그렇게 한 '하기 싫은 일'이 성과를 만들어내고, '좋은 일'이 된다.

　서울에서 부산까지 가는 가장 빠른 방법은 '친구와 함께' 가는 것이라 한다. 혼자보다는 함께 가야 더 오래, 지치지 않고 갈 수 있다. 좋은 사람과 함께라면 노숙도 즐거운 추억이 된다. 콩 한 쪽을 나눠 먹어도 깔깔거리는 여유가 생긴다. 좋은 이들과 함께라면 수지 타산을 너무 따지지 말자. 그렇게 하지 않아도 우리는 이미 너무 많은 것을 얻었다.

PART 4

청춘력을
전하다

여전히 강사지망생

"**과정이** 중요합니까? 결과가 중요합니까?"

"제가 어떻게 대답할 것 같습니까?"

"과정이라고 말씀하실 것 같습니다."

"맞습니다. 과정이 중요합니다."

이 학생이 한 질문의 요지는 정말 과정이 중요한지, 결과가 중요
한 지가 아니었다. 과정도 중요하고 그에 따른 결과도 중요함을 분

명히 인지하고 있지만, 자신이 처한 현실에서 취업을 위한 스펙을 준비하고 학점을 관리하는 것이 먼저인지, 다소 뜬구름 잡는 듯한 꿈을 찾아 하고 싶은 일을 하는 것이 먼저인지를 묻는 말이었다.

과정의 무게만큼 결과가 지속된다.

물론 결과도 중요하다. 하지만 진중한 과정 없이 급하게 만들어진 결과는 지속성이 없다. 반대로 꾸준히 진정성 있게 겪어온 과정은 그 결과가 과정과 인과관계가 맞지 않는다 하더라도 큰 힘과 지속성을 발휘한다.

블로그를 통해 강의 섭외, 블로그 마케팅 제안 등의 기회가 들어오고 있는 나에게 많은 사람이 어떻게 블로그를 운영하면 꾸준하게 방문객을 유지하고 기회를 창출할 수 있는지 물어오곤 한다. 답은 간단하다. 나만의 진정성 있는 콘텐츠를 꾸준히 올리는 것이다. 그것이 이슈에 맞든, 그렇지 않든 말이다. 그것이 자연스레 검색에 노출이 되고, 방문자들이 지금의 수준에 이르기까지는 정말 인고의 시간이 걸렸다.

방문객을 하루아침에 늘리는 것은 포털사이트 검색순위 상위 키워드를 이용한 블로그 최적화^{SEO}를 이용하면 된다. 하지만 그것은 이슈가 끝나버리면 순식간에 사그라져 버린다. 오히려 그런 반복을 통해 블로거의 의지도 약해지고, 블로그 자체도 정체성이 모호한 잡동사니 블로그가 되어버리고 만다.

Connecting the Dots

우리가 만난 지금은 과거의 여러 점들의 연결로 이루어진 것이다. 과정 없는 결과는 없고, 아니 땐 굴뚝에 연기는 나지 않는다.

"손대희 강사님은 스토리가 많아서 좋겠어요."

강사가 되겠다고, 한 아카데미에서 강사과정을 들을 때 동료 강사들에게 내가 가장 많이 들은 이야기이다. 스피커가 찢어져 있어 제대로 망친 대학수학능력시험부터 고향 집 화재, 산업재해사고, 여동생 수술, 어머니 수술, 간경화 판정 등 또래 친구들에 비해 정말 많은 일을 겪은 것을 그들은 '스토리'라고 불렀다.

하지만 그런 경험들은 다른 사람들에 비해 이채롭기만 했을 뿐, 현재 입장에 아무것도 이루어 놓은 것이 없는 나에게는 멍에나 다름없었다.

'스토리가 있으면 뭐 해? 그 스토리를 통해 내가 이루어 놓은 것이 하나도 없으니 아무도 나에게 강의를 들으려 하지 않을 텐데….'

그러나 그런 고민은 불필요했다. 차근차근 또 다른 경험들과 스토리를 만들어가고 있을 즈음, 우연히 주어진 땜빵 강의 때 나는 나에게 '할 말'이 있다는 것을 알게 됐고, 지금은 그때의 강의를 기반으로 내 메인 강의가 탄생했다. 그리고 지금은 대부분의 강사가 언젠가 이루고 싶어 하는 '동기부여 강사'가 되었다. 강의를 시작한 지 얼마 되지도 않았는데 '내 소리'를 낼 수 있는 특강 강사가 되었다.

강사 시장에는 생각보다 많은 강사가 있지만, 정작 강의를 업業으로 삼는다고 할 수 있을 정도로 강의를 활발하게 하는 강사들은 그리 많지 않다. 그럼 포화상태라는 강사 시장의 그 많은 강사는 다 어디로 갔을까?

강사를 하겠다고 마음먹은 지 2년도 채 안 되는 기간에 동기부여 강사가 된 나에게 찾아오는 강사 지망생들이 많았다. 어떻게 동기부여 강사가 되었냐는 게 대부분의 물음이었지만 정확히는 어떻게 그렇게 빨리 동기부여 강사가 될 수 있느냐, '빨리'가 더 궁금했던 것이었다. 심지어 그들 중에는 나와 함께 강사를 준비했던 이들도 있었다. 그들 중 대부분은 지금도 강사 지망생으로 남아있다. 그리고 또 다른 이들에게 찾아가 '더 빠른' 기회만 찾는 이들도 적지 않다. 그런 시간에 더 공부하고 스스로 성장하는 과정이 중요하건만, 단기간의 성과에만 눈이 먼 경우다.

취업 준비생 또한 마찬가지이다. 누군가는 구직 중에도 꾸준히 이력서를 업데이트하는 반면, 누군가는 여전히 똑같은 이력서로 회사 명만 바꾸어서 지원한다. 시간이 지난 후 이력서 자체도 차이가 나겠지만, 취업하더라도 업무 능력에서 상당한 차이를 가져오는 것도 바로 그 과정의 시간이다.

진정성 있는 과정은 약간의 성과와 만나는 순간, 엄청난 기폭제가 되어 그야말로 누구도 넘볼 수 없는 '스토리'가 된다.

그리고 지금의 순간순간들은 언젠가 또 다른 스토리의 원천이 되는 작은 점들이다. 결과는 우연히 좋은 성과로 나타날 수 있다. 하지만 과정이 무르익지 않은 성과는 지속되기 힘들다.

어차피 이기적인 순간

"**미군을** 가고 싶은데, 부모님의 반대 때문에 쉽게 선택할 수가 없어요."

대통령 직속 청년위원회의 병영 멘토로, 강원도의 한 부대에 병영 멘토링을 갔다가, 사병이 아닌, 곧 전역할 소대장의 고민을 들었다. 전역을 사흘 앞두고 있고, 이미 취업하여 직장도 있는데, 그가 하고 싶은 일이 아니라 어떻게 해야 할지 고민이라는 것이다.

"미군에 지원하기 위해서 준비해야 할 것은 없나요?"

청춘력

"지난 군 생활 동안 필요한 것들은 다 준비해 놨습니다. 심지어 미국에서 어떻게 생활해야 할지, 숙소까지도 다 알아놨습니다."

눈빛에서 조금 전의 의기소침한 모습은 사라지고, 확신에 찬 열정이 엿보였다.

"누구나 한 번은 살면서 이기적인 선택을 하는 시기가 있는 것 같아요. 그게 사춘기일 때도 있고, 대학생일 때도 있고, 가정이 있는 중년 이후일 수도 있죠. 그 시기를 선택하는 건 본인의 몫이라고 봅니다. 그리고 어떤 선택은 그 시기 아니면 안 되는 시기도 있을 겁니다. 스스로에게 물어보세요. 그 시기가 언제일지."

"강사님, 저 미군 지원하겠습니다. 부모님 설득해야겠어요."

울산에서 한 금융업체의 대표님을 컨설팅하던 중, 런던 올림픽에서 금메달을 딴 레슬링 선수에 관한 이야기가 나왔다. 대표님과 같은 고향 사람인데 세상 그렇게 문제아도 없었다고 한다. 그런데 지금 금메달을 따고 나니 그 모든 문제아 시절은 보기 좋게 포장됐다는 것이다. 부모님께 사준 집만으로 더할 나위 없는 효자가 되었다고 한다.

  결과는 생각보다 많은 것을 포장한다.
  생각보다 많은 사람이 스스로도 선택의 문 앞에서 고민하면서, 다른 사람의 선택에는 쉽게 말하곤 한다. 그 말은 선택의 문턱에서 고민하는 사람들에게 상당한 영향을 미친다. 하지만 아이러니하게도 그 선택의 결과는 오롯이 당사자의 것이다. 반대를 무릅쓰고 성과를 내면 그 과정의 상당한 부분이 그럴듯하게 포장된다.
  반대로 그들의 의견에 따른 선택을 했지만, 결과에 문제가 생기면 그 역시 당사자의 몫이다. 그러니 선택은 내가 그 결과를 감당할 수만 있으면 된다. 주변의 어떤 것에도 흔들릴 이유가 없다.

  "역시 해낼 줄 알았어."
  "뚝심 있게 하더니 결국 일을 내는구나."

  7년의 기간을 뛰어넘는 파격적인 승진을 앞에 두고, 그렇게 반대했던 친구, 선후배들이 더 이상 나에게 무모한 선택이었다고 얘기하지 않듯이 말이다.

흔히들 나이는 숫자에 불과하다고 한다. 하지만 그것은 많은 나이에도 도전할 수 있는 용기를 북돋기 위한 격려에 가깝다. 나이는 선택에 있어서 많은 어려움을 야기한다. 나이를 먹어 갈수록 더 많은 관계와 환경을 접하게 된다. 내 선택이 나에게만 영향을 주는 것이 아니라 또 다른 누군가, 또 다른 무언가에 영향을 준다. 그렇기에 나이가 들수록 선택의 폭이 제한적일 수밖에 없다. 물론 그 역시도 과감하게 무시하고 도전할 수 있지만, 대개 나이를 탓하는 이들이 힘들어하는 것은 본인보다 주변의 사람들과 환경 때문인 경우가 많다. 그래서 타이밍 역시 무시 못할 선택의 조건 중 하나이다.

순발력은 규모에 반비례한다. 자전거로 급회전이 가능한 길을 자동차는 쉽게 통과하기 힘들다. 비행기라고 하면 더더욱 힘들 것이다. 그 큰 기체와 무게를 컨트롤하며 회전해야 하고 감내할 것이 많기 때문이다.

죽는 그 순간까지, 하고 싶은 일을 억제하고 사회에서 바라는 방향으로만 살다 가는 사람이 얼마나 될까? 만약 있다고 한다면, 아마 죽기 직전에 후회할 것이다.

누구나 이기적인 선택을 하는 순간이 온다. 그렇다면 가급적 스스로 책임질 수 있는, 또 그 선택의 결과가 다른 시기에 비해 상대적으로 긍정적인 때에 하는 것이 낫지 않을까?

여행 왜 하는데?

　신혼여행으로 간 북유럽이 태어나서 처음으로 간 해외여행지였다. 비행기로 16시간 거리의 만 리 타향에서 한국 사람은커녕 아시아 사람을 찾기도 힘든 상황이었다. 그러던 중 스톡홀름의 한 게스트 하우스에서 한국 여성 둘을 만나게 되었다. 남미 5개국을 여행하는 한 프로젝트에 참여했는데 거기서 만나 인연이 된 후, 함께 여행을 하고 있다고 했다. 최근 다니던 직장을 그만두고 3개월 동안 유럽의 20개국을 여행하는 게 목표라고 했다.

　멋있었다. 매스컴이나 책을 통해 장기간 해외여행을 하는 청년들이 있다는 걸 알고는 있었지만, 이 먼 타국 땅에서 실제로 그들을 만날 줄은 꿈에도 생각 못했다.

"여행 왜 하세요?"

"그냥…요….."

예상 밖의 답이었다. 오랜 여행으로 지쳐서, 또는 너무나도 식상한 질문이라 대답하기 싫은가 하는 생각이 들었다. 그래도 무언가 커다란 포부가 있을 줄 알았는데 '그냥'이라니.

차근차근 이야기하다 보니 책이나 매스컴에서 보는 열정적이고 당찬 포부를 가진 청년들의 모습은 아니라는 것을 느꼈다.

3개월의 여행이 끝나고 한국으로 돌아가면 어떤 일을 하고 싶냐는 질문에, 그냥 돈만 마련되면 또 해외로 나올 생각이라고 했다. 그렇다고 여행을통해 하고 싶은 일이 딱히 있어 보이지도 않았다. 타성에 젖어 한국에서의 지루하거나 마음에 안 드는 상황들을 회피하는 모습이라고 밖에는 안 느껴졌다.

나뿐만 아니라 많은 사람이 경험의 중요성을 이야기한다. 그리고 그중에 대표적인 경험이 바로 '여행'이다. 여행이 경험으로써 중요한 이유는 중심이 되는 나의 생활이나 인생에, 창문을 통해 들어오는 신선한 바람처럼 환기가 되거나 새로운 관점을 갖게 되는 것을 기저에 두었기 때문이다.

돌아오지 않는 여행은 방황일 뿐이다. 지금과 다른 상황을 맞는다는 점에서는 비슷하지만, 그것이 적용될 중심이 없다면 발을 땅에 딛지 않고 헤매는 꼴 밖에는 되지 않는다.

여행이 의미 있는 이유는 돌아오기 때문이다. 이는 물리적인 공간에만 국한된 것이 아니다. 항상 있는 현실 안에서는 봐야 할 것, 만나야 할 사람, 생각해야 할 것이 산더미처럼 산적해 있다. 그래서 자신에 대해 깊이 생각할 수 있는 여유가 많지 않다. 아니, 거의 없다.

여행은 일상의 소음에서 벗어나 온전히 '나'에 집중할 수 있는 여유를 마련해 준다. 그것을 통해 휴식을 취할 수도 있고 새로운 환경에서 새로운 관점을 가질 수도 있다.

하고 싶은 일로 꿈을 이루려고 게이머의 길을 택한 게이머 지망생과 하기 싫은 공부를 회피하기 위해 게이머가 되겠다고 하는 게이머 지망생은 그야말로 천지차이이다. 선택의 이유가 다르기 때문이다. 게이머가 되고 싶어서 한 선택과 공부를 피하기 위한 선택은 결코 같지도 비슷하지도 않다. 그러니 그 끝도 다를 수밖에 없다.

새로운 경험을 하겠다고 선택한 그 무엇인가에 관해, 혹시 무언가를 회피하기 위한 선택은 아닌지 진지하게 자문하는 것이 좋다. 이런 질문을 거친 선택은 쓸데없이 방황하지 않게 해 주는 또 다른 선택일 수 있다.

먹어 본 놈, 해 본 놈

"**팀장님**, 이거 이렇게 하면 되는 건가요?"

오늘도 '나몰랑'은 '다알아' 팀장에게 물어본다.

대규모의 공사장에 뿔뿔이 흩어져 일하는 건설 현장의 특성상, 어느 정도의 의사결정은 각 파트를 맡은 직원들 스스로 해야 한다. 그럼에도 나몰랑은 항상 하던 일을 멈추고서라도 멀리 떨어져 있는 다알아 팀장을 굳이 찾아내어 의사결정을 미룬다.

"이거 라인이 잘못됐잖아? 누가 이렇게 하라고 했어?"

현장소장의 불호령에, 나몰랑은 꿈뻑꿈뻑 눈만 껌뻑이며 다알아 팀장을 쳐다본다.

사실 나몰랑과 다알아는 나이 차이만 조금날 뿐이지 거의 동기나 다름없다. 그럼에도 다알아가 팀장이 된 이유는 나몰랑의 이와 같은 태도 때문이었다.

나몰랑은 항상 모든 결정을 다른 사람에게 미뤘다. 그 결정이 잘못됐을 경우의 피드백을 듣기 싫어서였다. 심지어 다른 사람들이 깜빡 놓쳐서 공정이 잘못되어 가고 있는 걸 발견했을 경우에도 누군가 어떻게 하라고 지시하지 않으면, 알고 있으면서도 굳이 그대로 진행하곤 했다.

그러면서도 다알아 팀장이 자신보다 먼저 팀장이 되고, 연봉을 더 받는 것에 대해서는 항상 불만이었다. 또 그런 불만은 어김없이 다른 사람에게 책임 떠넘기기로 화풀이라도 하듯 되풀이됐다.

"나몰랑 씨, 이번 현장은 나몰랑 씨가 소장으로 나가봐. 이번 일 제대로만 마무리되면 성과급도 서운치 않게 챙겨 줄게."

그동안 다알아 팀장에 대해 가지고 있던 불만을 생각하면 고민할 것도 없이 받아들이면 될 일을 나몰랑은 고민한다.

"그냥 다른 사람 시키면 안 돼요? 전 서포트 하겠습니다."

현장소장으로서의 막중한 책임감이 스스로에게는 버거운 모양이다. 결국, 그 현장은 또 다알아 팀장이 맡게 되었고 나몰랑은 또 씩씩대며 그 밑에서 일을 하게 되었다.

오랫동안 자유를 구속당하던 사회에서 시민들에게 갑자기 '자유'가 주어지면, 시민들은 그 '자유'를 굉장히 불편해한다. 스스로 자신을 위해서 무엇을 선택해 본 적이 없기 때문이다. 하라는 대로 하고, 말라면 말고, 시키는 대로만 하면 됐던 구속된 사회가 오히려 그들에겐 더 익숙한 것이다. 그럼에도 그들은 끊임없이 '자유'를 갈구한다.

자급자족 유기농 라이프를 지향하는 프로그램, tvN 삼시 세끼 정선 편은 제작진이 주인공인 이서진과 택연, 김광규에게 매끼 식사 메뉴를 정해준다. 요리 무지렁이인 그들에게는 제작진이 정해주는 모든 메뉴가 불만이다. 시장에서 그냥 사다 먹게 해 달라, 우리가 알아서 해 먹겠다는 등의 불만을 표출하며 결국은 제작진이 시킨 메뉴를 억지로 만들어 내는 모습이 시청자들에게 많은 사랑을 받는 재밋거리이다.

한 번은 제작진이 게스트도 없고 하니, 마음대로 먹고 싶은 메뉴를 선정해서 해 먹으라고 그들이 그렇게 바라던 '자율 선택권'을 주었다. 그런데 아이러니하게도 그들은 쉽게 메뉴를 선택하지 못했다. 심지어는 다시 제작진에게 그냥 메뉴를 정해달라고 요청을 한다. 그토록 '자율 선택권'을 외쳤건만, 막상 그들에게 그 기회가 주어지자 익숙하지 않은 권한은 그들을 멘붕의 상태로 몰고 간다.

고기도 먹어 본 놈이 잘 먹고, 결정도 해 본 놈이 잘한다.
익숙하고 지루한 일상에서 탈출을 꿈꾸기는 하지만, 막상 탈출할 순간이 와도 머뭇거리는 이유는 탈출해서 어떻게 할지를 생각하고 결정해 보지 않았기 때문이다. 조금은 어색하고 두렵더라도 스스로 선택하고 결정하는 연습을 해야 한다. 이상하게도, 잘 될 것이라는 희망적인 이유를 찾는 것보다 안 될 것이라는 부정적인 이유를 찾는 것이 훨씬 더 쉽다. 그럼에도 불구하고 생각하고 결정하는 것을 더 이상 미루어서는 안 된다. 물론 그 결정에 따른 책임은 자신에게 있지만, 동시에 그 결정에 따르는 권한과 성과도 본인에게 있음을 잊으면 안 된다.

소나 말 등의 가축에 자신의 소유임을 표시하기 위해 찍던 '낙인'

오늘날 어떤 상품이나 서비스를 경쟁자의 그것과 차별화하기 위해 사용하는 독특한 이름이나 상표를 일컫는 '브랜드'의 전통적 의미는 이와 같다. 이는 21세기에 본격적인 지식사회에 진입하면서 상품 및 서비스에 국한되지 않고, 사람에게까지 확장되고 있다. 그 사람의 이름만 들어도 떠오르는 무엇, 그것을 우리는 '개인 브랜드' 혹은 '휴먼 브랜드'라고 한다.

학창 시절, 나는 필기를 정말 잘하는 학생이었다. 특히, 시험 기간이면 3주 전에 이미 각 과목별 요점정리가 다 끝나 있었다. 그래서 몇몇 친한 친구들에게는 내 요점정리 노트를 빌려주고, 친구들은 복사를 해서 내 요약노트를 보곤 했다. 하루는 내가 다른 친구에게 요약노트를 복사해 주려고 학교 앞 문방구를 갔는데, 시험기간이라 그런지 복사기 줄이 상당히 길었다. 그런데 놀랍게도 그 긴 줄의 대부분 학생들이 내 요약노트의 복사본을 들고 있는 것이다.

나는 갱지로 된 내 원본 요약노트를 들고 그들을 보고 있었고, 갱지 원본을 들고 있는 나를 그들도 놀란 눈으로 쳐다보고 있었다. 그후로 시험기간만 되면 학교에는 일명 '손대희 요약노트'가 마치 대학교의 '족보'처럼 돌았다.

'손대희'하면 '요약노트', 당시 나는 우리 학교에서 '요약노트'를 대표하는 브랜드였던 것이다.

"정은 씨한테 연락해 봐요."

주변에서 온라인 콘텐츠 기획 및 제작에 관련된 일도 가능하냐는 문의가 들어오면, 나는 어김없이 그녀를 추천한다. 파워포인트, 엑

셀, 워드 등의 사무용 프로그램은 물론, 포토샵, 프리미어, 애프터 이 펙트 등의 디자인 및 영상용 고급 프로그램도 자유자재로 구사할 뿐 만 아니라, 수많은 기획서 작업 및 컨퍼런스 진행 경험을 통해 큰 그 림을 보는 눈을 가졌다. 게다가 그녀 특유의 악바리 근성까지 더해 져, 일을 한 번 맡으면 누가 시키지 않아도 밤까지 세워가며 제시간 에 최고의 결과물을 만들어 낸다. 한 번 그녀와 비즈니스를 해 본 사 람이면 그녀의 프로 정신에 대해 극찬을 아끼지 않는다.

'온라인 브랜드 디렉터'

그녀는 이미 자신만의 개인 브랜드를 만들어, 세상에 하나밖에 없 는 브랜드로 성장하고 있다.

"우리 회사 블로그 마케팅 좀 도와줄 수 있어?"

잠시 몸담았던 회사의 대표님에게 연락이 왔다. SNS를 통해 내가 꾸준히 블로그 강의와 컨설팅을 하고 있는 것을 보다가 연락을 했다 고 한다. 사실 당시만 해도 나는 블로그 강의나 컨설팅을 돈을 받고 하지 않았다. 지인들이 알려달라고 해서 조금씩 알려주는 정도였기 때문에, 블로그로 브랜딩을 한다거나 블로그 강사가 되는 것은 생각 조차 해 보지 않았다. 그럼에도 꾸준히 블로그를 하고 있으니, 생각 지 못한 기회가 온 것이었고, 지금도 매월 정기적으로 내 수익의 일 부를 책임지고 있는 든든한 지원군이 되었다.

누군가에게 브랜드로 인식되기 위해서는 '지속성'이 기반이 되어 야 한다. 보험 영업을 시작했다는 친구에게 지인을 추천하려고 연락 했더니, 지금은 신용카드 영업을 하고 있다고 한다. 그리고 다시 신 용카드를 만들려고 연락을 했더니 그만두었다고 한다. 친구라는 특 별한 관계임에도 불구하고 이 친구에게는 더 이상의 비즈니스나 기 회의 공유는 어려울 것이다. 하다못해 다시 한 번 생각해야 할 문제 가 되어 버렸다.

그럴듯한 브랜드 네임을 가지고 있다고 브랜드가 되는 것은 아니다. 전혀 새로운 무엇인가를 해야 하는 것도 아니다.
내가 할 수 있는 것 중에 사람들이 나에게 원하는 것을 발견하고 꾸준히 하는 것만으로도 브랜드는 완성되어 간다.

청춘력

답 없는 핑계

하고 싶은 일을 하고 있는데도 마음이 쓰이는 구석이 있다. 건강상의 이유로 그만두긴 했지만 함께 사업을 시작한 형들, 친구들, 동생들을 두고 혼자만 빠져나온 것에 대한 미안함 같은 것이다.

"한가할 때 일 좀 도와줘."

불행인지 다행인지 최근 큰 규모의 사업을 장기간에 걸쳐 수주해 공장도 몇 개로 늘리고 직원들도 수십 명이 되었다고 한다. 문제는 너무 단기간에 규모가 커져 일머리를 아는 관리자가 부족한 상황이었다. 결국, 일주일에 하루나 이틀 정도 도와주기로 했다.

매일 비슷한 일을 반복하면 매너리즘에 빠지기 쉽다. 한창 사업을 할 때에는 이 일이 지겹기도 했고, 이곳에서 벗어나고 싶기도 했다. 하지만 오랜만에 보는 장비들과 현장은 오히려 새롭고 재미있었다. 항상 마음이 쓰이던 그들과 함께 한다는 것도 일주일에 이곳에 오는 하루 이틀을 기다리게 하는 이유였다.

"저 이제 바빠져서 일하러 못 와요."

핑계였다. 일주일에 하루 이틀 정도 빼는 것은 아무리 바빠도 가능했다. 좋은 사람들을 만나면서 어느 정도의 부수익도 얻는 일이라 즐겁게 일했던 몇 달이었다. 하지만 시간이 지날수록 버티기 힘들었다. 일이 힘들거나 매너리즘에 빠진 것은 아니었다.

일이 끝나면 사람들은 투정이 가득했다. 다른 직원에 대한 불만, 회사에 대한 불만, 일에 대한 불만이 꼬리에 꼬리를 물었다. 나도 예전에 그랬었기에 충분히 이해할 수 있는 일이었다. 그리고 나름 강사라고 그들의 그런 마음을 들어주고 이해해 주는 일이 나의 역할이라 생각했는지, 그들과 함께하는 하루 이틀은 초근접 거리에서 심층 컨설팅을 하는 기분이었다.

매일 환자를 대하는 의사들이 그럴까? 어느새 내게도 한계가 오기 시작했다. 그들의 불평불만에서 오는 에너지가 나에게 짐이 되기 시작했다. 일주일에 하루나 이틀 때문에 남은 날들이 힘들어지는 것을 느꼈다. 차라리 전처럼 그냥 가끔 얼굴이나 보러 오는 것이 낫겠다는 생각에 결국은 그만두게 되었다.

환경이나 상황 때문에 불평을 할 수는 있다. 하지만 이 역시도 적정선이 필요하다. 그것이 습관처럼 되어버리는 순간, 해결점을 찾는 노력은 둘째 치고 그 불평을 들어주는 이에게 피해를 줄 수 있다.

"제때 퇴근하는 게 소원이에요."

나몰랑은 저녁을 먹고 다시 작업장으로 들어오면서 투덜댄다. 기간 내에 빨리 끝내야 하는 공사를 맡은 이유로, 최근 몇 주 동안 계속 야근을 하고 있기 때문이다. 일의 특성상, 이런 일들을 잘 처리해야 다음 사업도 무난히 이어갈 수 있음을, 5년 정도 근무했으면 충분히 알 만도 하지만 유독 나몰랑만 매번 투덜거린다.

"그래도 이번 공사 잘 마치면, 야근 수당하고 휴일 수당 포함해서 월급은 두둑이 받을 거 아냐. 조금만 참자.”

"월급 조금 받아도 좋으니까, 제시간에 퇴근했으면 좋겠네요."

다 알아 팀장이 다독여 보지만, 이미 삐쭉 나온 입을 돌려놓기에는 늦은 모양이다.

"어라? 월급이 이것밖에 안 나왔어? 이번 달 카드값도 장난 아닌데."

"이번 달은 일도 많이 없고 해서 칼퇴근했잖아. 아무래도 추가 수당이 없으니 평소보다는 조금 덜 나왔네."

"이 월급 가지고는 먹고살기 힘든데, 오늘 야근할 일 없어요?"

"그래도 그렇게 바라던 칼퇴근하잖아. 지난달엔 그렇게 칼퇴근하고 싶다고 노래를 불렀으면서."

"그래도….”

청춘력

스스로 생각해도 말도 안 되는 투정인 줄 알았는지, 말끝을 흐린다. 그러나 이미 투정 모드로 들어간 본인을 통제하지 못한다. 계속해서 월급이 적단 타령만 하고 있다.

사회 안에서 생기는 갈등의 가장 큰 원인은 다름 아닌 '사람' 때문이다. 업무적으로 부당하거나, 잘못된 부분조차도 누가 어떻게 처신하느냐에 따라 발생할 수 있는 갈등을 줄이거나, 방지할 수 있다. 그렇다면 사회에서 나는 어떤 사람인가? 함께 하는 동료들에게 에너지가 되는 역할을 하는지, 아니면 반대의 경우인지를 생각해 봐야 할 것이다.

사회생활은 혼자 하는 것이 아니다. 여러 사람이 서로 보조를 맞추며 함께 해나가야 하는 것이다. 부당한 일이 있다면 당당히 그 입장을 말하되, 자신만의 입장을 관철시키려고 사람들과의 분위기를 흐트러뜨려 놓아서는 안 된다. 무엇보다 함께 잘 어울릴 수 있는 노력이 수반되어야만, 더욱 효율적이고 효과적인 업무 성과가 나올 수 있는 환경이 갖추어지기 때문이다.

뱁새가 뱁새인 줄 알아야 해

'김동성, 분노의 질주'

　한때 유튜브에서 굉장히 유명했던 영상이다. 2002년 솔트레이크 시티 동계올림픽에서, 안톤 오노의 헐리우드 액션으로 김동성이 실격 처리됐던 일은 대한민국 국민이라면 모르는 사람이 없을 것이다. 이후 이것을 패러디한 수십 개의 CF가 들어왔는데도 불구하고, 김동성은 안톤 오노를 이기기 위해 CF를 모두 포기하고 엄청난 양의 연습을 했다고 한다. 그리고 맞이한 세계 선수권 대회에 안톤 오노가 출전하지 않자, 1,500m 경기를 장거리임에도 불구하고 초반부터 두 바퀴 이상의 차이를 벌리며, 그야말로 분노의 질주를 했던 사건이다.

청춘력

여기에서 주목할 것은, 김동성과 함께 달린 다른 나라 선수들이다. 어설픈 선수라면, 순간적으로 당황하여 김동성을 따라나섰을 것이다. 하지만 경기가 끝날 때까지 다른 선수들은 우리가 흔히 보던 형식의 1,500m 경기를 완주한다. 초반부터 전력질주해서 1,500m를 완주하는 것은 김동성이 아니고서는 할 수 없는, 말도 안 되는 경기 방식이었다. 즉, 김동성만의 페이스이기에 가능했던 것이다.

잘 다니던 직장을 그만두고 서울로 올라온 동생이 있다. 한 연구소의 소장님 곁에서 강의를 배우고 사람들을 만나면서 본인이 할 수 있는 강의영역과 콘텐츠를 찾고자 정말 열심인 친구다. 강사가 되기 위해 안정적인 직장을 그만둔다는 것은 그만큼 절실했기에 가능했다고 생각했다. 무슨 일이 생길 때마다, 또는 특별한 일이 없을 때에도 안부를 물어오고 기꺼이 찾아오는 친구라 기특했고, 또 정이 많이 갔다. 그런데 언제부터인가 이 친구가 강의 얘기보다는 사업 얘기를 더 많이 하기 시작했다. 이런저런 사업 구상을 하고 있는데 어떨지, 누구와 함께 이런 비즈니스를 해보려고 하는데 괜찮지 않냐며 내 의견을 묻곤 했다.

"넌 그 일을 왜 하고 싶어?"

"…."

예상치 못한 질문이었는지 말이 없었다. 이내 대답이 생각났는지,

"이쪽 시장에 와보니 아직 이런 형식의 비즈니스는 없는 것 같아서 승산이 있어 보이더라고요."

"강의는? 안 하려고?"

"…."

1년 이상 돈을 못 벌어도 좋은 스승 곁에서 배울 수 있다는 것만으로 만족한다던 그였다. 그러던 그에게도 나와 같은 시련이 온 듯했다. 소득이 전혀 없이 긴 시간을 버틴다는 것은 엄청난 다짐만으로 지켜낼 수 있을 만큼 만만한 것이 아니다. 나 역시도 같은 고민을 하던 때가 있었다. 책을 읽고 저자를 만나고 멘토들을 찾아다니는 시

간이 쌓일수록 확실한 무언가가 보이기보다 비어가는 주머니가 먼저 보였다.

김효석 아카데미의 설득강사과정을 수료한 뒤, 나는 여전히 강사 지망생으로서 고군분투하고 있었다. 동네 도서관에서 시작한 스피치 강의 덕에 가끔씩 하는 스피치 강의가 전부인 시절이었다. 그나마 아카데미에서 공부했던 감을 잊지 않기 위해서, 틈만 나면 아카데미에 들르곤 했다. 각종 행사는 물론, 가끔은 김효석 교수의 강의에 운전자로 동행하기도 했다.

"설득강사과정 한 번 맡아보지 않을래요?"

강의를 마치고 식사를 하던 중, 김효석 교수가 내게 말했다. 최근 강사과정을 맡아 진행하던 팀장이 그만두면서 새로운 팀장이 필요했는데, 꾸준히 아카데미에 관심을 갖고, 누구보다 설득강사과정을 잘 알고 있다고 판단해 제안한다고 했다. 솔직히 정말 솔깃한 제안이었다. 존경하는 스승과 함께할 수 있다는 것만으로 거절할 이유가 없는 제안이었다. 게다가 당시 나는 하던 일을 모두 그만두고 강사가 되겠다고 나와 있던 상황이라 고정적인 수익이 없었다. 함께 하고 싶은 사람과 일하면서 고정적인 수익까지 생기는 더할 나위 없는 기회였다. 하지만 결국 정중히 거절했다.

지금 내 능력으로는, 그리고 내 성향으로는 그 과정을 제대로 맡아 해낼 자신이 없었다. 그리고 무엇보다 확실하지 않은 상황에서 김효석 교수와 비즈니스적인 관계를 맺었다가 안 좋게 틀어질 수도 있다는 생각에 조심스레 제안을 반려했다. 결과적으로 나의 그때의 선택은 정말 잘 한 일이라 생각한다. 덕분에 나는 흔들리지 않고 강사의 길에 매진했고, 지금은 더 성장한 상태로 김효석 교수와 비즈니스적인 협력이 가능하니 말이다.

강사 세계, 정확히는 프리랜서 세계에 들어와서 순식간에 사라지는 사람들을 많이 봤다. 언뜻 보기에도 아직 여물지 않았는데, 그럴 듯한 사람들과 어울리며 비즈니스를 전개하다가 결국은 다시는 보지 않을 정도로 인연을 끊고 사라지는 사람들. 모두 자신을 점검하지 않고, 뱁새가 황새 따라가는 격으로 무리하다가 자처한 일이었다.

학연, 지연, 혈연

'손대희의 리얼북톡'이라는 북토크쇼 MC를 하면서 MC가 청중보다 게스트의 이야기를 잘 듣는다는 것을 알았다. MC는 게스트의 한마디 한마디를 놓치지 않고 들어야 자연스럽게 다음으로 이끌 수 있기 때문에 게스트의 말에 더더욱 귀를 기울여야만 한다. 청중일 때는 메모를 하며 들어도 막상 집에 돌아가면 그 감흥이 쉽게 사라지지만, MC는 메모 없이도 게스트의 이야기와 표정들을 명확히 기억한다. 관찰을 한 것이 아니라 관심을 가졌기 때문이다. 관심을 가지면 표정과 마음이 보이고, 그래야 이해와 공감이 가능하다.

어느 날, 메일이 하나 왔다. 내 강의를 들은 학생이 취업을 했다는 반가운 소식이다. 관심 있는 분야, 하고 싶은 분야를 먼저 간 사람들을 만나 보라는 나의 이야기에, 가고 싶은 회사에 다니는 직원을 만났다는 것이다. 그 회사에 왜 들어가고 싶고, 지금은 무엇을 준비하고 있는지 허심탄회하게 이야기하다가 그 직원과 형, 동생 할 정도로 친해졌다 한다.

일반적으로 회사의 정책이 변경되거나 하면 가장 먼저 바뀌는 것이 인사동향이다. 없던 TF(Task Force)팀이 생기고, 기존과는 다른 패턴의 인사발령이 나기도 한다. 회사의 사업 방향을 가장 먼저 아는 사람은 바로 그 회사에 근무하고 있는 직원들이다. 마침 그 회사가 지역본부를 다시 세분하고, 그해 하반기에 직원들을 채용할 계획을 세우고 있었는데 그 형을 통해 그 소식을 먼저 들었다는 것이다.

보통 매스컴이나 회사 공지를 통해 채용계획을 알게 되는 게 일반적이지만, 이 친구는 미리 채용계획을 알고 준비했기에 다른 사람들보다 더 꼼꼼히 준비할 수 있었고, 결국은 합격했다고 한다.

처음부터 그 직원에게 채용계획을 알아내기 위해 접근한 것은 아니다. 하고 싶은 일에 대한 열정과 관심 때문에 탐색하게 됐고, 생각지 못한 전환점을 마련한 것이다.

근처에 있어야 한다.

진로나 취업특강을 할 때, 나는 어김없이 청중들에게 다음 질문을
한다.

"여러분, 학연/지연/혈연이 좋은가요? 나쁜가요?"

그러면 대부분 나쁘다고 대답한다. 그러면 나의 강의는 자연스레
다음 이야기로 이어진다.

"그럼 다른 질문 하나 더 드리겠습니다. 만약 여러분 아버지께서
일당 10만 원짜리 아르바이트 자리 두 개를 가지고 왔다고 해 봅시
다. 그러면 여러분은 남은 아르바이트 한자리를 여러분의 친한 친구
와 함께 가겠습니까? 아니면 학교나 주변을 수소문해서 그 일을 잘
할 것 같은 사람을 뽑아서 가겠습니까?"

이렇게 질문하면 모두들 '친구'와 함께 가겠다고 대답한다.

"그럼 또 하나 묻겠습니다. 만약 내가 게임 디자이너가 되는 게 꿈인데, 여러분 아버지 친구가 국내 굴지의 게임 기업 사장님이십니다. 그 게임 기업에서 마침 게임 디자이너 한 명이 필요한데, 사장님이 여러분이 게임 디자이너가 꿈인 걸 알고 있어서 여러분에게 일해보겠냐고 제안했을 때, 여러분은 어떻게 하시겠습니까?"

그리고 다시 묻는다.

"여러분, 학연/지연/혈연이 좋은가요? 나쁜가요?"

물론, 기회주의자들처럼 근처를 얼쩡거리라는 뜻은 아니다. 표현해야 한다는 것이다.

무협지를 보면, 당대 최고수들이 강호를 제패하고 있다가 재야의 숨은 고수에게 세력을 빼앗기는 스토리가 자주 등장한다. 현실에서도 이런 일은 종종 등장한다. 최근 유행하고 있는 오디션 프로그램만 봐도 알 수 있다. 도대체 그렇게 많은 고수들이 어디에 숨어있었나 싶을 정도다. 그렇지만 그것도 그들이 재야에서 세상으로 나왔기에 가능한 일이다. 재야에 숨어 있어 봤자 그 능력을 아는 사람은 없을 것이고, 그러니 그를 찾는 사람도 없을 것이다.

블로그나 SNS에 대해 정통한 전문가는 정말 많다. 그럼에도 내가 블로그, SNS 강의와 컨설팅을 할 수 있는 것은 필요한 사람들의 곁에 있기 때문이다. 그리고 표현하고 있기 때문이다. 혼자 숨어서 아무리 고매한 연구를 하고 있더라도 그것을 사람들이 알지 못하면 누구도 나를 찾지 않는다.

굳이 비포장길?

'마님은 왜 돌쇠에게 쌀밥을 주었을까?'

우스갯소리의 주제로 자주 사용되는 에로 영화의 제목이다. 하지만, 이 이야기를 통해 시대의 핵심 역량에 대해 생각해 볼 수 있다.

농경사회에서는 농사를 잘 짓기 위해 '힘'이라는 핵심 역량을 가진 사람이 최고의 인재상이었다. 그러니 힘이 좋은 돌쇠가 마님에게는 놓치고 싶지 않은 인재였을 것이다. 그렇다면 힘이 없는 칠복이는 농경사회에서 무조건적인 천덕꾸러기일 수밖에 없는 것인가? 그래서 등장한 것이 도구이다. 도구를 통해 부족한 핵심 역량을 보완

할 수 있기 때문이다. 힘이라는 핵심 역량을 보완하기 위해 호미나 쟁기 등의 도구가 개발되고 사용되었다. 그리고 이런 도구 또한 시대가 요구하는 핵심 역량에 따라 변화하고, 또 변화해 왔다.

농경사회에서 산업사회로 넘어오면서 '기술'이라는 핵심 역량이 주목받기 시작했고, 이를 보완하기 위해 '기계'들이 등장하기 시작했다. 그리고 이 기계들은 급기야 '기술자'들을 능가하기 시작했다.

경운기, 트랙터 등이 개발되면서 농사를 잘 짓는 이장님보다 농업용 기계를 가지고 있는 초보 만복이가 더 효율적으로, 더 뛰어난 성과를 내기 시작한다. 첨단을 달리고 있는 지금 시대에도 농사를 짓는 시골 지방을 가면, 고가의 농업 장비를 가지고 있는 사람이 상당한 비용을 받고 한 동네의 특정한 농사일을 대신해 주는 모습을 쉽게 볼 수 있다.

"블로그를 만들어 보려고 하는데…."

이름만 대면 알 만한 유명 의사나 강사 등 한 분야의 전문가들이 내게 블로그 컨설팅을 의뢰하는 경우가 자주 있다. 어떤 사람들은 블로그를 통해 유명세를 얻고자 하는데 이미 유명세를 가지고 있는 그들이 왜 블로그를 만들려고 할까? 이미 블로그와 같은 온라인 플랫폼이 한 사람을 파악하고 평가하는 또 하나의 기준이 되었기 때문이다. 방송에 출연하게 됐는데 관련 홈페이지나 블로그를 알려달라고 했다는 것이다. 그중에는 내가 처음부터 블로그를 만들기를 권했던 이들도 상당하다. 그때는 듣는 둥 마는 둥 시큰둥하더니 막상 현장에서 닥치고 나니 마음이 급해진 모양이다.

'관성의 법칙'

사물이나 사람이나 지금까지 해 오던 것을 유지하려는 성질을 가지고 있다. 그것이 자연스럽고 편하기 때문이다. 하지만 그대로는 더 이상 높이도 멀리도 나아갈 수 없다. 멈추거나 떨어질 뿐이다.

새로운 방향이나 자극이 있어야 계속 나아갈 수 있다. 아무리 가진 능력이 뛰어나다고 해도 고인 물처럼 한 곳에 머물러 있으면 썩어버릴 수밖에 없다.

모든 변화에 모두 반응할 수는 없지만 과거의 것을 너무 고수하다가 더 많은 것을 잃을 수도 있다. 도끼질을 아무리 잘해도 전기톱을 사용하는 이보다 효율적이고 효과적으로 나무를 벨 수는 없다.

　젊어서 고생은 사서도 한다지만, 굳이 안 해도 될 고생을 일부러 할 필요는 없다. 길이 없다면 길을 만들어야겠지만, 굳이 있는 길을 피해서 비포장도로를 달릴 필요는 없다. 그것이 인간이 '도구의 인간'으로 발전해 온 방향이다.

같이 죽든지, 같이 살든지

　　블로그 강의로 정신없는 날들을 보내고 있을 무렵, 세무사인 페이스북 친구에게 메시지가 왔다. 주로 강사들 대상으로 세무업무 등을 대리하고 컨설팅을 해 주고 있는데 소위 1대 블로그 강사로 분류되는 사람들이 나를 비롯한 몇몇 젊은 강사들을 벼르고 있다는 것이다. 블로그 강의나 컨설팅의 특성상 개인적으로 진행되는 경우는 아무래도 현금으로 비용이 책정될 때가 있다. 물론 대부분 의뢰자의 요청에 따라 원천징수 3.3%를 제외한 비용을 받지만, 그렇지 않은 경우도 왕왕 있다. 이걸 문제 삼아 세무서에 신고를 하겠다는 것이다.

　　최근 모바일 환경이 급격히 성장하면서 블로그나 SNS 분야의 수

청춘력

요도 늘어났고 동시다발적으로 나와 같은 온라인 마케팅 강사도 늘어났다. 때문에, 이들이 자신들의 강의 기회를 빼앗아 간다는 위기감에서 나온 반발 심리라고 볼 수 있다. 법적인 문제로 다투어도 큰 문제가 될 것은 없지만, 이런 이야기를 들을 때마다 씁쓸한 건 어쩔 수 없는 감정이다.

다른 업계도 마찬가지겠지만, 특히 온라인 마케팅 업계는 유독 서로 못 죽여서 안달인 사람들이 많다. 조금만 검색을 해보면 서로 못 죽여서 안달인 블로그 강사들을 쉽게 볼 수 있다. 같은 블로그 강사로서 그런 상황을 볼 때마다 안타까운 마음을 지울 수 없다. 모든 평가는 사용자, 즉 의뢰자가 하면 된다. 서로 비방하는 블로그 강사들을 볼 때마다 같은 업계에 있는 것이 부끄러워질 때가 한두 번이 아니다. 함께 판을 벌여 나아가도 모자랄 판에 서로 물어뜯고 있으니 말이다.

'선의의 라이벌'

사실 이건 잘못된 표현이다. 라이벌이라는 단어 안에 이미 선의는 포함되어 있다. 라이벌이라는 말은 강^{River}에서 유래한다. 한강을 사이에 두고 마주 보고 살아가는 사람들을 라이벌이라고 한다. 라이벌은 가뭄처럼 강물이 메마를 때는 서로 자신들이 더 많은 강물을 확보하려고 경쟁한다. 하지만 홍수처럼 강물이 범람할 때는 함께 힘을 모아 둑을 쌓아 강을 지켜야 한다. 맞은편의 라이벌이 수월하게 강물을 확보하는 것을 경계한답시고 둑을 쌓는 데 힘을 모으지 않거나, 강 상류에 독을 뿌리는 행위는 어리석게도 스스로에게도 칼을 겨누는 격이다.

판을 깨지 말고 키워야 한다. 신림동 순대타운, 대구 가구골목, 광안리 회 타운 등은 라이벌끼리 뭉쳐서 판을 키운 좋은 예이다. 고객을 더 쉽게 접근하게 하는 것만으로도 각개전투로 싸우는 것보다 훨씬 더 나은 결과를 가져온다.

모교 근처에서 분식집을 할 때 어쩔 수 없이 옆에 있는 기존의 분식점과 경쟁할 수밖에 없었다. 가급적 많은 학생들이 그 가게보다 우리 가게에 더 많이 오길 바랐다. 매출과 직결된 문제였기 때문이다. 하지만 옆집 사장님과 나의 관계는 오히려 이웃사촌이라고 표현하는 것이 더 정확할 정도였다. 잠시 자리를 비우면 서로 가게를 대신 봐주기도 했다. 부족한 식자재도 서로 공유했고, 새로 내놓을 메뉴에 대한 고민도 함께 했다. 같은 분야의 경쟁자이기에 함께 할 수 있는 부분이 훨씬 많았다.

어느 분야에서든 꾸준한 성장이 힘든 이유는 정체하기 때문이다. 지금의 상황이 패턴이 되어 버리고, 생각도 패턴에 갇혀 버린다. 직장 생활에서 오는 매너리즘도 같은 맥락이다. 라이벌은 스스로 정체되는 것을 경계하게 해 준다. 극단적인 경쟁은 위험하지만 정해진 룰에 입각한 경쟁만큼 건강한 성장 동력은 없다.

진로, 함부로 정하지 마

세상은 참 마음대로 되지 않는다. 끝이 없는 것처럼 승승장구 하던 사람도 고꾸라지고, 이제 살 만하다고 느껴지면 또다시 시련이 온다. 우리가 생각하는 대로, 마음먹은 대로만 된다면 얼마나 좋겠는가마는 삶은 그리 녹록지 않다. 그런데 거꾸로 생각해 보면 '마음대로' 되지 않기에 세상이 더 살 만하지 않나 하는 생각도 하게 된다.

'금수저', '흙 수저', '헬조선'과 같은 신조어가 등장하면서 안 그래도 힘든 청년들에게 일말의 희망조차 앗아가는 분위기이다. 아무리 열심히 노력해 봤자 소위 '있는 집' 자식들이 이미 가지고 있는 것조차 가질 수 없는 현실은 더 이상 열과 성을 다할 이유를 없애기에 충분하다. 최근의 국정 농단 사태와 같은 이슈가 있을 때 더더욱 이런 자괴감과 노이로제는 극에 달한다.

그럼에도 불구하고 흙 수저 출신으로 성공한 사람들을 전혀 볼 수 없는 것은 아니다. 흙 수저 출신이니까 금수저 출신에 비해 힘들 것이라는 생각과 예상을 뛰어넘은 그들의 성과는, 그럼에도 살 수 있는 최선의 지푸라기가 된다.

출생부터 사회적, 경제적 지위를 가지고 태어난 금수저들은 성장하는 과정에서도 흙수저에 비해 더 좋은 환경, 더 많은 기회를 갖는다. 누가 봐도 이들은 흙수저에 비해 나은 성과를 낼 수밖에 없는 요건을 갖추었다.

그런데 꼭 그런가? 생각대로, 예상대로 되지 않는 경우도 상당히 많다. 생각지 못한 기회들이 99% 당연할 것 같은 상황들을 반전시킨다. 구조적, 제도적으로 또는 출생 환경의 차이로 불공평하다고 느낄지라도 예상치 못한 반전을 꿈꿀 수 있는 것은 생각지 못한 기회가 곳곳에 기다리고 있기 때문이다. 최근 폭발적인 인기를 끌고 있는 증강현실 게임 '포켓몬 고'의 포켓몬처럼 우리 삶 곳곳에 숨어있다.

예상치 못한 기회는 말 그대로 예상치 못한 곳에 있기 때문에 언제 어떻게 올지 모른다. 때문에 반전의 기회가 있다고 하더라도 마냥 기다리라고 말하는 것은 오히려 말하지 않는 게 나을 정도로 무

책임한 발언이다. 다만, 적어도 그런 기회가 오지 못하게 막는 일만큼은 하지 않아야 한다고 말하고 싶다.

"블로그 콘셉트를 못 정하겠어요."

블로그 강의나 컨설팅을 하면서 자주 듣는 질문 중 하나이다. 어떤 주제나 콘셉트 없이 무작정 운영하는 블로그와 명확한 콘텐츠와 콘셉트로 운영하는 블로그는 아무래도 전문성이나 신뢰도 면에서 큰 차이가 날 수밖에 없다. 당연히 그를 통한 기회도 차이가 날 것이다.

"블로그 콘셉트 함부로 정하지 마세요."

콘셉트를 못 정하고 있는 이들에게 나는 이렇게 말한다. 스스로 느낄 만큼 명확한 콘텐츠가 있는 사람들, 소위 전문성을 가졌거나 오랫동안 관련 콘텐츠에 대해 관심을 가져왔던 사람들은 서툴더라도 콘셉트를 비교적 쉽게 정한다. 그렇지 못한 사람들이 콘셉트를 정하는 데 한세월이다.

처음 블로그를 시작했을 때, 콘셉트를 정해야 한다는 많은 사람들의 조언에 나도 '실행', '실천'을 콘셉트로 블로그를 운영했다. 콘셉트에 관련된 책들을 읽고, 저자를 만나고, '실행', '실천'에 관련된 글들을 쓰곤 했다. 시작이 절실해서 그런지 거의 매일 한 개 이상의 관련 콘텐츠들이 블로그에 업로드됐고, '리얼리스트'라는 나름의 브랜드 네임도 만들었다. 그런데 문제는 3개월 무렵이었다. 더 이상 '실행', '실천'에 관련된 책들이 읽히지 않았다. 글이 안 써지는 것은 더욱 당연한 일이었다. 점점 블로그에 글을 올리는 횟수가 적어졌고, 매일 들어와 블로그를 관리하던 열정도 수그러들기 시작했다. 그렇게 절실했던 난데 불과 3개월 만에 초심을 잃은 것 같은 생각이 들기 시작했다. 지금 생각해도 아찔한 순간이었다.

"손대희 강사님이시죠? 블로그 보고 전화드렸는데요, 강의 좀 요청드리려고요."

정체기에 빠져있는 내게 강의를 의뢰하는 전화가 왔다. 잠시 정체기이긴 했지만, 그래도 명확한 콘셉트 덕분에 드디어 기회가 오는구나 하는 생각이 들었다.

"블로그에서 '하고 싶은 일 직업으로 만들기'라는 글을 읽었는데, 저희 학생들에게 그 내용으로 강의를 요청드리려고요."

'실행', '실천'으로 쓴 글 때문에 들어온 강의가 아니었다. 심지어 내가 그런 글을 썼었나 할 정도로 예상치 못한 상황이었다. 얼떨결에 강의를 수락하고 블로그를 꼼꼼히 살펴보았다. 의식적으로 콘셉트에 맞게 쓰고 있는 글들만큼, 대학생이나 취업 준비생을 대상으로 쓴 글들이 꽤 많았다. 신문이나 TV에서 취업시장의 어려움, 열정페이 등의 청년 이슈들을 듣거나 보면 그에 대한 내 생각들을 꾸준히 블로그에 올렸던 것이다. 그리고 블로그를 통한 첫 기회는 그 글들 안에서 주어졌다.

이후, 나는 '실행'과 '실천'이라는 블로그 콘셉트를 없앴다. '손대희 강사의 생각노트'로 제목을 바꾸고 내 관심사에 따라 마음이 가는 대로 블로그를 운영했다. 그렇게 '취업진로강사'라는 하나의 타이틀이 생겨났다.

함부로 콘셉트를 정하는 순간, 스스로를 한계 지었던 것이다. 명확한 콘셉트 때문에 그와 관련되지 않은 것들에 대해서는 제대로 보지 못했던 것이다. 마치 앞만 보고 달리는 경주마처럼 말이다. 나 스스로를 제대로 발견하고 정해야 할 콘셉트를 무모하게 콘셉트를 먼저 정하고 거기에 나를 맞추려 했던 것이다. 그러니 당연히 한계에 다다를 수밖에 없었을 것이다. 그렇지 않은 콘셉트에 나를 맞추려 하다 보니 내 진짜 콘셉트에서 점점 멀어지고 있다는 것을 알아차리기 힘들었던 것이다. 그 강의 의뢰 전화가 아니었다면 나에 대해 다시 돌아보는 계기가 없었을지도 모른다.

"진로, 함부로 정하지 마세요."

진로 역시 다르지 않다. 진학에 대한 진로이든, 취업에 대한 진로이든, 그 이후의 진로이든 마찬가지다. 함부로 방향을 정하는 순간, 그 과정에 기다리고 있는 예상치 못한 기회들을 지나치게 된다. 전혀 상관없을 것 같은 과거의 경험들이 지금의 나를 만들었듯, 예상치 못한 지금의 경험이 미래의 나를 만든다. 펑크를 때우기 위해 대신 맡은 토크쇼 MC, 어떤 기회가 올지도 모르고 운영했던 블로그, 어쩌다 엮인 좋은 사람들과의 모임 등이 지금의 동기부여 강사를 만든 것처럼 말이다.

마음대로 되지 않는 환경에서 반전을 꿈꾸려면, 반전을 가져다 줄 예상치 못한 기회들을 받아들일 준비가 필요하다.

청춘력

가끔은 묻지 말고 결정해

'허락보다 용서가 쉽다.'

한 게임기 CF에서 게임기를 사고 싶지만 아내의 눈치를 보는 남편에게 던지는 메시지다. 물론 구매 결정을 유도하는 상업성 광고이지만 나름 공감이 가는 부분이 있다.

어떤 일을 시작하기 전, 위험요소나 예상되는 상황들을 철저히 알아보는 것은 실패율을 낮추기 위한 당연한 처사이다. 또 그것을 알만한 누군가에게 물어보는 것도 좋은 방법이다. 하지만 이것 또한 과하면 부족함만 못하다. 관성의 법칙은 물체뿐 아니라 사람의 태도에도 적용되는 것이라 많은 사람들은 변화보다는 기존의 것을 유지하려는 경향이 크다. 따라서 우리의 도전 의지에 반하는 의견이 상대적으로 더 많다.

'하던 거나 제대로 해'와 같은 태도의 조언들은 우리의 변화 의지를 꺾는 것은 물론 앞으로의 선택에 있어서도 미묘하게 영향을 미친다.

가끔은 혼자만의 생각으로 과감히 선택할 필요가 있다. 어차피 결과는 누구도 책임져 주지 않는다. 반복적으로 선택을 누군가에게 의지하게 되면 오히려 그 선택에 영향을 미친 사람에게 결과를 탓하는 마음까지 생긴다. 결국 내가 선택한 내 결과인데도 말이다.

"여러분은 안전바가 있는 롤러코스터를 타고 있습니다."

한 TV 프로그램에서 김국진은 자신의 인생을 롤러코스터에 비유하며 강의를 시작했다. 국찌니빵으로 무너져가는 기업도 살릴 만큼 승승장구하던 90년대의 인기와는 반대로 사업 실패, 이혼, 골프 프로 도전 실패 등의 드라마와 같은 본인의 삶을 롤러코스터에 비유한 것이다. 이 정도 우여곡절이면 본인처럼 힘든 삶을 살지 말라 얘기할 것도 같지만, 김국진은 오히려 더 도전하고 더 넘어져 보라고 대학생들에게 담담히 말했다.

롤러코스터는 무섭지만 안전바가 있어서 재미있게 탈 수 있다. 우리에게 안전바는 부모님일 수도 있고, 젊음일 수도 있고, 혼자라는 단출함일 수도 있다.

넘어져도 일어설 힘이 있다는 것만으로도 한두 번은 충분히 넘어져 볼 만하다. 넘어져서 나만 다치면 되는 것이라면 조금 다칠 걸 감수하더라도 성큼성큼 달려볼 만하다. 결과는 내가 책임지면 되니까.

사촌 형과 처음으로 단둘이 술을 마신 적이 있다. 술이 거하게 들어가니 장손이라는 타이틀에 힘들어하는 형의 모습도 볼 수 있었다. 나 역시 누구에게도 내놓지 못하고 괜찮은 척하고 있던 민낯들을 내어 놓았다.

"엄마가 힘들어하시더라."

깜짝 놀랐다. 형에게 어머니에 대한 말이 나올 줄 몰랐다. 형은 가족들뿐 아니라 집안 어르신들에게 안부전화를 정말 잘했다. 나는 일부러 하려고 해도 잘 안 되는데 말이다. 그러다 보니 어머니가 내게 하지 못한 이야기들을 형에게 많이 얘기한다고 했다.

아버지가 돌아가신 후로 나는 어머니에게 말대꾸를 거의 안 했다. 홀로 우리 남매를 키우느라 고생하셨고, 사회생활을 한다고 가까이서 제대로 챙기지 못했기 때문에 어머니에게 말대꾸하는 것은 불효라는 생각이 들어서였다. 집안일에 대해 어떤 일을 결정할 때에도 어머니의 입장을 최대한 들어보고 어머니 의견을 반영하고자 했다.

"가끔은 네가 결정하고, 어머니는 따라오시라고 해."

이제는 진짜 가장 역할을 해야 한다는 것이었다. 가족들의 의견을 듣는 것도 중요하지만, 든든하게 앞에 서서 이끄는 모습도 보여야 한다는 것이다. 아버지가 돌아가신 후 어머니가 우리를 그렇게 이끄셨듯이 말이다. 직장을 그만두었을 때, 사업이 망했을 때, 아파서 힘들어하고 있을 때, 어머니는 나의 든든한 안전바였다. 그런데 어느새 어머니도 안전바가 필요할 때가 된 것이다. 아직 많이 부족하지만 이제부터라도 어머니의 든든한 안전바가 되려고 한다. 그러려면 역시 가끔은 묻지 않고도 결정하는, 당돌하지만 과감한 결정들이 필요할 것이다.

Epilogue

강사는 정말 매력적인 직업이다. 프리랜서로 시간을 자유롭게 사용하고, 많은 사람들에게 인정받기 때문이기도 하지만 정말 매력적인 이유는 삶을 대하는 태도 때문이다.

강사는 청중에게 희망을 주어야 한다. 지식을 전달해 희망을 주기도 하고, 경험과 이야기를 전해 용기를 주기도 한다. 그러려면 매사에 감사해야 하고, 삶을 차근차근 들여다보아야 한다.

강사는 떨어지는 낙엽 하나를 보고도 의미를 발견한다. 항상 곁에 있는 일상에도 감사한다. 그런 생각과 생각이 모여 지금의 이 글이 탄생했다.

강사가 되고, 나는 내가 글을 쓰는 것을 좋아한다는 것을 알았다. 아직 부족하고 조악하지만 그럼에도 글을 쓰는 것 자체를 좋아한다. 평생 글만 쓰고 살고 싶을 정도이다.

지난 한 해는 아내에게 정말 미안한 한 해였다. 주변의 권유로 책을 쓰기로 결정하고 한 기획출판사와 책 쓰기 작업을 진행했다. 한 번에 두 가지를 잘 못하는 성격이라 강의를 줄여서라도 책 쓰기에 집중하고 싶은 내 마음을 알아차렸는지 아내는 걱정 말고 책이나 열심히 쓰라고 했다. 그동안 써 놓았던 글들도 있었기 때문에 두어 달이면 끝날 것 같았던 책 작업은 거의 1년 가까이 늘어졌다. 기획자와의 생각 차이는 몇 번이나 책 작업을 시작점으로 돌려놓았다. 어렵게 출판계약까지 완료했지만, 출판사의 어이없는 행태 때문에 그마저도 취소했다.

결국, 1년이라는 시간을 허비했다. 그래도 아내는 아무 말도 하지 않았다. 틈만 나면 카페에 나가 글을 쓰고 있는 내게 언제까지 되지도 않을 것 잡고 있을 거냐고 닦달하지 않았다. 그렇게 믿어 준 그녀가 있었기에 이 책이 탄생할 수 있었다. 그동안 써 놓았던 글들을 정리하고, 새로이 콘셉트를 잡고, 미안한 마음을 집중하는 마음으로 돌리자, 부족하지만 이 정도의 책이 완성되었다.

'혼자였으면 아무 부담 없이 마음껏 하고 싶은 일을 할 수 있을 텐데….'라고 생각한 적이 있었다. 그러나 오만이었다. 그녀가 함께 있었기에 그 시간을 버틸 수 있었고, 마침표를 찍을 수 있었다. 믿음으로 곁을 지켜준 아내에게 진심으로 감사한 마음을 전한다. 그리고 38년이라는 길지 않은 내 인생에 출연해 준 모든 인연들에게 진심으로 감사한 마음을 전하고 싶다.

그리고 어머니…. 그 누구보다 오랫동안 나를 믿고, 내 곁을 지켜준 그녀에게 진심으로 사랑한다는 말을 전하고 싶다.

이 땅의 모든 사람들이 '할 수 있다'는 청춘력으로 행복과 긍정의 에너지가 팡팡팡 샘솟으시기를 기원드립니다!

권선복
(도서출판 행복에너지 대표이사, 한국정책학회 운영이사)

우리는 흙수저, 헬조선과 같은 신조어가 나올 정도로 사회 구조적인 모순, 불평등이 열정에 찬물을 끼얹는 시대에 살고 있습니다. 불타는 열정으로 힘찬 도약을 하다가도, 성공하는 사람들을 보면 전혀 다른 세계에 사는 것처럼 보여 자신을 한없이 초라하게 느끼는 사람이 많습니다. '나'에게 집중하기보다는 사회가 인정하는 대로 흘러가며 낙담하곤 하는 안타까운 청춘들의 시대입니다.

책『다음을 준비하는 힘, 청춘력』은 이처럼 찬물을 맞고 낙담한 사람들에게 용기를 줍니다. 때로는 따뜻한 말로, 때로는 따끔한 충고로 청춘의 힘으로 다시 일어날 것을 말합니다. 저자는 당장의 힘든 상황과 자신의 나이는 문제가 되지 않음을 말하며, 스스로 한계를 만들어 그 속에 갇히지 말라고 합니다. 시련이 닥치면 결국 그 시련을 겪어내는 것은 주위의 누구도 아닌 본인 스스로라는 것입니다. 사회의 모범생으로 출발했던 저자가 겪었던 실패의 이야기로 시작하여, 강사라는 새로운 세계에 발을 내딛으며 배운 청춘의 힘, 그리고 자신을 바라보며 다시 그 힘을 다른 사람들에게 전파하는 이야기로 독자들의 삶에 청춘력을 전합니다. 개인브랜드연구소 어포스트 Apost의 대표이자 한 사람의 강사로서 세상의 많은 사람들에게 청춘력을 불어넣어 줄 책을 만들기 위해 아낌없는 노력을 기울이신 손대희 저자님의 노고에 큰 응원의 박수를 보냅니다.

청춘력

낙담하고 '나는 여기까지'라며 주저앉는 대신 일어나서 경험하고 부딪쳐야 합니다. 저자를 따라 수많은 경험을 성과로 만들어, 자신을 위해 달려 나가면 낙담하지 않고 진짜 행복을 잡을 수 있을 것이라 믿으며, 이 책을 읽는 모든 분들의 삶에 행복과 긍정의 에너지가 팡팡팡 샘솟으시기를 기원드립니다.

인생 르네상스 행복한 100세

김현곤 지음 / 값 15,000원

책『인생 르네상스 행복한 100세』는 미래디자이너이자 사회디자이너인 저자가 고령화혁명으로 발생될 장수시대를 안내한다. "내 일이 없으면 내일도 없다"라는 키워드를 중심으로 평균연령 100세, 장수연령 120세 시대에 겪어야 할 인생의 후반전을 '내일'을 가지고 살아야만 진정 행복한 100세 인생을 누릴 수 있음을 역설한다. 행복한 황혼기를 개척하는 사람들의 환한 길잡이가 되어 줄 것이다.

남불 앵커 힘내라, 얍!

남불 지음 / 값 15,000원

책『남불 앵커 힘내라, 얍!』은 혼란한 세상 속 행복한 삶을 꿈꾸는 사람들에게 일상 속에서 깨닫는 삶과 행복의 본질을 말하고 있다. 웃음과 눈물이 공존하며 일견 평범해 보이는 일상 속 작은 깨달음과 마주하다 보면 '무탈하게 살아가는 것이 행복'이며 '삶은 누려야 하는 향연'이라며 힘주어 이야기하는 저자의 목소리에 자연스럽게 공감하게 된다.

끌리는 곳은 서비스가 다르다

박정순 지음 / 값 15,000원

책『끌리는 곳은 서비스가 다르다』는 현재 11년 차 소상공인이며 서비스와 이미지 메이킹 전문가인 저자가 사업을 성공으로 이끄는 서비스 노하우를 알려준다. 모든 사업의 핵심 바탕이 되는 '서비스'에 대해 심도 있게 다루면서도 독자들로 하여금 쉽게 이해할 수 있게 실제 사례를 들어 친절하게 설명한다. 모든 사업 성공의 바탕에는 '서비스'가 있다는, 잊기 쉽지만 가장 중요한 핵심을 잘 짚어내고 있다.

울지 마! 제이

김재원 지음 / 값 15,000원

책 『울지 마! 제이』는 방황하며 힘겨워하는 모든 '제이'들을 위로하며 삶의 지혜를 담은 메시지를 전해주는 책이다. 때로는 위로하고 때로는 채찍질을 하듯 따끔한 충고를 던지면서도 격려를 아끼지 않는 저자의 따뜻한 마음이 책 곳곳에서 느껴진다. 가장 강력한 힘을 가진 친구이자 인생의 멘토가 되는 나의 자아 '제이'에게 들려주는 황금메시지가 인생의 길을 친절하게 안내할 잠언이 되어 줄 것이다.

와인 한 잔에 담긴 세상

김윤우 지음 / 값 15,000원

책 『와인 한 잔에 담긴 세상』은 와인에 대해 절대 연구할 필요도 없고 고민할 필요도 없는 술이라고 강조한다. 그저 편안하게 있는 그대로를 즐기면 되는 음료이자, 하나의 멋진 취미생활이자 직업이 될 수 있는 술이라고 말한다. 저자는 "슬픈 사람을 기쁘게 만드는 신비의 힘, 그것이 바로 와인이다."라고 하며 "와인을 알게 되면서 경험했던, 그래서 풍요로운 인생을 경험했던 와인과 관련된 인생의 경험들을 여행으로, 파티로, 음식으로 풀어낸 일상의 이야기"라고 책에 대해 이야기한다.

아이디어맨이여! 강한 특허로 판을 뒤집어라

정경훈 지음 / 값 15,000원

책은 전문용어를 가능한 한 배제하고 쉬운 용어를 사용하여, 복잡한 특허문제들을 간단하게 풀어나간다. 비전문가들이 좀 더 편안하게 특허에 대해서 이해할 수 있도록 배려했으며, 경영자 또는 특허담당자들도 쉽게 특허를 이해하는 데 도움을 주고 있다. 강한 특허에 주목해야 하는 까닭부터 시작하여, 반드시 알아야 할 특허상식, 그리고 출원 전후의 특허상식과 CEO가 알아야 할 특허상식 등을 다양한 예시와 도표를 통해 제시하여 독자의 이해를 돕는다

하루 5분 나를 바꾸는 긍정훈련

행복에너지

'**긍정훈련**'당신의 삶을
행복으로 인도할
최고의, 최후의'멘토'

'행복에너지
권선복 대표이사'가 전하는
행복과 긍정의 에너지,
그 삶의 이야기!

⊕인터파크
자기계발 분야 주간
베스트 1위

권선복 지음 | 15,000원

권선복

도서출판 행복에너지 대표
지에스데이타(주) 대표이사
대통령직속 지역발전위원회
문화복지 전문위원
새마을문고 서울시 강서구 회장
전) 팔팔컴퓨터 전산학원장
전) 강서구의회(도시건설위원장)
아주대학교 공공정책대학원 졸업
충남 논산 출생

책 『하루 5분, 나를 바꾸는 긍정훈련 - 행복에너지』는 '긍정훈련' 과정을 통해 삶을 업그레이드하고 행복을 찾아 나설 것을 독자에게 독려한다.

긍정훈련 과정은[예행연습] [워밍업] [실전] [강화] [숨고르기] [마무리] 등 총 6단계로 나뉘어 각 단계별 사례를 바탕으로 독자 스스로가 느끼고 배운 것을 직접 실천할 수 있게 하는 데 그 목적을 두고 있다.

그동안 우리가 숱하게 '긍정하는 방법'에 대해 배워왔으면서도 정작 삶에 적용시키지 못했던 것은, 머리로만 이해하고 실천으로는 옮기지 않았기 때문이다. 이제 삶을 행복하고 아름답게 가꿀 긍정과의 여정, 그 시작을 책과 함께해 보자.